广东海洋大学人文社会科学研究『建党100周年献礼红色著作专项』成果

"中共南路革命史料整理暨研究"系列丛书

回眸往事（二）

陈超 著

中山大学出版社
·广州·

版权所有　翻印必究

图书在版编目（CIP）数据

回眸往事（二）/ 陈超著. —广州：中山大学出版社，2021.6
（"中共南路革命史料整理暨研究"系列丛书）
ISBN 978 - 7 - 306 - 07245 - 0

Ⅰ. ①回… Ⅱ. ①陈… Ⅲ. ①陈超—自传 Ⅳ. ①K825.2

中国版本图书馆 CIP 数据核字（2021）第 119884 号

HUIMOU WANGSHI（ER）

| 出 版 人：王天琪
| 策划编辑：曾育林
| 责任编辑：曾育林
| 封面题字：陈　超
| 封面设计：陈　劲　林绵华
| 责任校对：陈文杰
| 责任技编：何雅涛
| 出版发行：中山大学出版社
| 电　　话：编辑部 020 - 84113349，84110776，84110283，84111997，84110779
|　　　　　发行部 020 - 84111998，84111981，84111160
| 地　　址：广州市新港西路 135 号
| 邮　　编：510275　　　　　传　　真：020 - 84036565
| 网　　址：http://www.zsup.com.cn　　E-mail：zdcbs@ mail.sysu.edu.cn
| 印 刷 者：佛山市浩文彩色印刷有限公司
| 规　　格：787mm×1092mm　1/16　15 印张　158 千字
| 版次印次：2021 年 6 月第 1 版　　2021 年 6 月第 1 次印刷
| 定　　价：68.00 元

如发现本书因印装质量影响阅读，请与出版社发行部联系调换

广东海洋大学人文社会科学研究"建党100周年献礼红色著作专项"重点项目"广东南路红色文化教育资源开发研究（C20111）"成果

编委会

编委会主任：曹俊明

编委会副主任：刘东超　谭北平　庞　松

委　　　员：鲁义善　欧卫军　尹　喜　陈汉能
　　　　　　郑一鸣　袁仁广　陈关怡　高良坚
　　　　　　谭月清

南路革命后人代表：周　聪　唐舒明　庞　松
　　　　　　　　　陈　东　陈　钢

总　序

习近平总书记在党史学习教育动员大会上的讲话中指出："中国革命历史是最好的营养剂，重温这部伟大历史能够受到党的初心使命、性质宗旨、理想信念的生动教育，必须铭记光辉历史、传承红色基因。"欣逢中国共产党百年华诞之际，广东海洋大学人文社会科学研究"建党100周年献礼红色著作专项"重点项目、高良坚课题组的"广东南路红色文化教育资源开发研究（C20111）"系列成果，作为中山大学出版社策划、出版的"中共南路革命史料整理暨研究"系列丛书即将问世，这是贯彻落实习近平总书记重要指示的具体行动，是传承红色文化的重要体现，也是拓展广东南路地区革命史料征集与研究的新成果，具有历史意义和现实价值，值得庆贺！

广东南路地区位于中国大陆南端、广东省西南部，与海南岛隔海相望。在新民主主义革命时期主要包括茂名、电白、信宜、化县、吴川、廉江、海康、遂溪、徐闻、阳江、阳春、钦县、防城、合浦、灵山15县（钦县、防城、合浦、灵山今属广西）和广州湾（原法租界，今湛江市区）。这是一个英雄辈出、人杰地灵的地方。

南路地区是一块洒满革命英烈鲜血的红色热土。南路人民是具有光荣革命斗争传统的英雄人民。南路革命斗争是广东人民革命和中国革命斗争的重要组成部分。早在中共创建时期，南路的青年学生和各界群众受五四运动的影响，投身反帝反封建的爱国运动。随后建立革命组织，开展革命活动。大革命时期，建立了中共南路组织和共青团组织。中共南路组织广泛发动群众，协助南征军收复了南路地区，开展工农群众运动，掀起了轰轰烈烈的革命高潮。土地革命时期，面对国民党反动派的白色恐怖，中共南路组织领导各县举行了一系列农民武装起义，以革命的义举反击国民党反动派的屠杀政策。特别是中共遂溪县委书记陈光礼率领农民自卫军退守斜阳岛（今属广西北海），实行武装割据，坚持长达5年之久，树起了南路人民不畏强暴、英勇抗争的一面鲜红旗帜。抗日战争时期，日本帝国主义发动全面侵华战争后，南路各界群众迅即掀起抗日救亡运动。雷州半岛和广州湾沦陷后，中共南路特委深入发动群众，组织抗日武装，开展敌后抗战，并以南路人民抗日游击队为基础，建立了广东南路人民抗日解放军。与此同时，中共南路特委推动国民党爱国将领举行抗日武装起义，建立了高雷民众抗日军。解放战争时期，中共南路特委遵照中共中央和中共广东区委的指示精神，领导各地党组织和革命群众开展了争取和平民主的斗争。内战爆发后，在大力发展党的组织和开展武装斗争的基础上，经中共中央批准，成立了中共粤桂边区委员会和中国人民解放军粤桂边纵队。随着解放战争的胜利发展，南路军民配合南下解放军解放了粤桂边地区。南路人民终于迎来了人民革命的伟大胜利，获得了彻底解放。

光辉历史，青山作证。中国共产党领导南路人民的革命斗争，为广东乃至中国革命的胜利立下了不可磨灭的功勋，具有重要的历史地位，具体体现在六个方面。

其一，南路的工农群众革命运动，在大革命时期与广东各地的工农革命群众运动汇成了一股强大的革命洪流，构成了广东大革命高潮的总体态势，成为大革命高潮不可或缺的组成部分。南路也成为国民革命的重要活动舞台、统一广东的战略要地和广东革命根据地的重要区域，肩负着重要的历史使命。

其二，中共南路组织率领革命群众为土地革命战争做出了重要贡献。中国大革命在广东遭到局部失败后，为了挽救革命，南路党组织和革命群众迅即奋起，于东江、西江、北江、琼崖等地，率先在全国举行工农武装起义，实行武装割据，与国民党反动政权公开对垒，为探索革命发展道路做了不懈努力。

其三，中共南路组织和人民群众为挽救中华民族的危亡，坚持独立自主的敌后抗战，顽强抗击日本侵略者，开辟了南路（粤桂边）抗日根据地，建立抗日民主政权，成为全国三大敌后战场之一的华南敌后战场的重要组成部分，为国家的独立和民族的解放做出了巨大牺牲，立下了不朽功勋。

其四，中共南路组织高举抗日民族统一战线的旗帜，对国民党爱国将领进行统战工作，团结一切可以团结的力量，推动原广东省第七区行政督察专员兼国民党广东省第十一区游击司令部司令率部举行抗日武装起义，壮大了南路抗日力量。这是中共南路组织正确贯彻执行党的抗日民族统一战线方针政策的成功实践。

其五，国民党发动全国内战后，中共南路组织根据中共中央的战略方针，率先领导开展武装斗争，使革命力量不断发展壮大，形成了广东七块解放战略基地之一。南路和粤桂边党政军民不仅配合南下解放军解放了全地区，而且为解放滇、川、康、黔等省给予了大力支持，建立了后方基地。

其六，南路地区解放后，担负起解放海南岛的后方基地和出发地的重要任务。南路人民以人力、物力积极支持解放大军，大批船工参加了渡海作战，为解放海南岛做出了巨大贡献。

在长期的革命斗争中，南路和粤桂边军民有几万人为革命献出了宝贵的生命。他们用鲜血染红了党的旗帜，用生命书写了对党的赤心，用信念证明了对革命的忠诚！他们在革命斗争中积淀的坚定信仰、为党立心、英勇顽强、艰苦奋斗、无私奉献、为民效命的精神，永耀人间！

重温革命历史，赓续红色血脉，弘扬红色文化，传承红色基因，这是新时代赋予我们的历史使命。"中共南路革命史料整理暨研究"系列丛书的出版，正是从一个侧面体现了我们应有的历史担当。但愿更多的红色文化成果为新时代的百花园增添异彩！

（广东省社会科学院教授、广东中华民族凝聚力研究会副会长、广东中共党史学会原副会长）

祝贺"中共南路革命史料整理暨研究"系列丛书出版发行

南路革命斗争有着悠久的历史，经历诸多困难和曲折，涌现出许多英雄、模范人物和许多感人的事迹。宣扬革命前辈艰苦奋斗的历史，用革命先烈的光辉事迹教育后人，激励后人，铭记革命历史，传承红色基因，是每个共产党人应尽的职责。"中共南路革命史料整理暨研究"系列丛书，就是依据此精神编写的。对于此丛书的出版发行，我表示热烈祝贺！

二〇二〇年七月于北京

敬录毛泽东主席的话

帝國主義者如此欺負我們，這是需要認真對付的，我們不但要有強大的正規軍，我們還要大办民兵师，这样在帝國主義侵略我國的時候，就会使他们寸步难行。

陈起二〇二〇年仲夏书

目 录

序言 ······ I

第一章　到广东军政大学学习 ······ 1
　　去广东军政大学报到 ······ 4
　　在不平静的环境中学习 ······ 8
　　积极参加社会活动 ······ 9
　　领导关心激励我们学习 ······ 10
　　认真学习，收获丰硕 ······ 11
　　参加广州市庆祝"八一"建军节阅兵和游行
　　　······ 13

第二章　在高雷军分区任参谋 ······ 15
　　"清剿"土匪 ······ 17
　　镇压反革命 ······ 19
　　守卫海边防 ······ 20
　　保护土改 ······ 21

　　　　参加"三反"运动……………………………… 22
　　　　支援抗美援朝………………………………… 24
　　　　湛江、遂溪机场移交空军……………………… 24
第三章　在粤西军区任参谋……………………… 27
　　　　除兽害保护农业生产…………………………… 30
　　　　难忘粤西军区的体育活动……………………… 31
　　　　一场特大的台风………………………………… 32
第四章　在台山县兵役局任动员科科长………… 35
　　　　参加征兵试点工作……………………………… 37
　　　　到军区教导队当军事教员……………………… 38
第五章　奉命调总参动员部……………………… 41
第六章　在总参动员部任参谋…………………… 47
　　　　参与预备役制度建设…………………………… 49
　　　　贯彻毛主席大办民兵师和民兵工作
　　　　　"三落实"的指示……………………………… 58
　　　　深入基层，了解情况，抓典型………………… 67
　　　　在十三陵水库工地劳动………………………… 70
　　　　下连当兵………………………………………… 75
　　　　三年困难时期…………………………………… 77
　　　　年逾30岁结婚成家……………………………… 78
　　　　组织民兵配合部队守卫海防…………………… 82

参加地方中心工作 …………………………………… 89

"文革"期间的一段经历 ………………………… 99

第七章 在军务动员部任副处长 ………………… 109

到黑龙江穆棱县了解组建民兵独立团的情况

……………………………………………………… 111

到新疆了解民兵工作情况 …………………… 112

到西藏了解民兵工作情况 …………………… 118

参加国务院在遵化县推广灵宝县经验试点 …… 121

第八章 在总参动员部任处长 …………………… 125

组织民兵配合部队对越进行自卫反击战 …… 127

随刘华清率领的中国民兵代表团访问

南斯拉夫 ……………………………………… 131

拨乱反正，恢复民兵工作的光荣传统 ……… 134

第九章 在总参动员部任副部长 ………………… 141

参与制定民兵工作调整改革的方案 ………… 143

对民兵组织进行调整改革 …………………… 144

对民兵军事训练进行调整改革 ……………… 145

对民兵武器装备管理进行调整改革 ………… 146

参与和主持修改《兵役法》 ………………… 148

认真抓退伍军人预备役登记工作 …………… 151

积极参与组建预备役部队 …………………… 152

第十章　在总参动员部任部长 …………………… 155

第十一章　在兰州军区任副司令员 ………………… 185

第十二章　我的军旅生涯在大西北画上句号 ……… 209

　　　我的告别讲话 ………………………………… 211

　　　回顾戎马生涯50载 …………………………… 214

　　　按照中央军委命令，开始过离休生活 ……… 215

卷末语 ……………………………………………… 217

序　言

我的回忆录《回眸往事（一）》，已于 2014 年 11 月出版。其主要叙述我从一个不懂事的农村孩子，受抗日救亡运动影响，在党的哺育下投身革命，成为一名中国共产党员、一名解放军战士，参加粤桂边区革命武装斗争的经历。以我的亲历、亲见、亲闻回答后辈们提出的问题：您什么时候参加革命？为什么参加革命？参加革命做过什么？您打过仗吗？等等。也回应了家乡父老和老战友们提出的要求：将艰苦卓绝的革命武装斗争情况告诉后人，让他们知道革命的胜利来之不易，今天的幸福生活来之不易，希望他们继承革命传统，弘扬爱国主义精神，努力建设富强美丽的祖国。

《回眸往事（二）》的内容有三部分：一是叙述我在新中国成立初期的经历，即 1950 年 1 月，到广东军政大学学习，在高雷军分区、粤西军区任参谋，在台山县兵役局任动员科科长的情况；二是我于 1955 年 11 月被调到总参动员部工作，历任参谋、副处长、处长、副部长、部长，前后共35年从事国防动员工作的经历；三是我于1990年6月到兰州军区①任副司令员，在祖国大西北工作的经历。其后于1994年12月底离职，1998年正式离休，结束了我50多年的军旅生涯。

---

① 指原兰州军区，全书下同。

第一章 到广东军政大学学习

1949年12月19日，湛江解放，粤桂边区全境解放。中国人民解放军粤桂边纵队完成了光荣使命，宣告撤销，广东南路军分区宣布成立。1950年1月5日，原粤桂边纵队所属部队整编为第二十二、第二十三、第二十四团，归广东南路军分区建制。其中，第六支队第十六、第十八团及第一、第二支队编为第二十二团；第六支队第十七团和第五支队编为第二十三团；第三、第四、第七支队编为第二十四团；原粤桂边纵第八支队与原属广西桂南地区的部队回归广西军区。其余人员编入各县大队或转入地方工作。邬强任南路军分区司令员，南路地区地委书记刘田夫兼任政委，唐才猷任副司令员，阙耀华任副司令员兼参谋长，杨辉图任副政委兼政治部主任。军分区机构设司令部、政治部、供应处、卫生处，以及警卫连、通信连、教导队等单位。军分区管辖遂溪、海康、徐闻、廉江、吴川、化县、梅茂、电白、茂名、信宜、合浦、灵山、钦县、防城等县大队和湛江市警备区。军分区机关驻湛江市赤坎区。

我在部队整编时就接到通知，去广东军政大学学习。

去广东军政大学报到

1949年10月,广州解放。新中国成立前后,叶剑英同志曾任中共中央华南分局第一书记、广东省人民政府主席兼广州市市长、广东军区①司令员兼政委等职。叶剑英同志积极倡导成立广东军政大学,为部队培养干部。广东军政大学一成立,就要求各军分区和部队选调干部去学习。同时,还招收社会上的知识青年,为部队培养干部。南路军分区按照要求,选送一批干部到广东军政大学学习,我有幸成为其中一员。

粤桂边纵队整编时,我被任命为第二十二团参谋,尚未到职就接到通知,去广东军政大学学习。军分区领导还给我一个任务,负责联络驻海康县城的第二十二团第二营选定去军政大学学习的干部。我乘坐军分区司令部安排的中吉普车去海康县城。我到达海康县城时,第二十二团已开赴南兴镇,执行剿匪任务去了。从海康县城到南兴镇,那时不通汽车,我从县政府借了一辆自行车,骑着去南兴镇。到南渡河时,自行车坏了,我只好雇请搭客的老乡送我到第二十二团第二营驻地,通知了第二营副教导员林德和决定去军政大学学习的其他同志。时任副营长唐仕宏没

---

① 指原广东军区,全书下同。

有收到通知，可他渴望去学习，就跟我们一起回军分区要求去军政大学学习。我和林德、唐仕宏，还有唐仕宏的通讯员，乘坐中吉普车连夜返回湛江。

湛江到海康县城约 90 里①，那时刚解放，路况很差，又是夜间行车，司机是个俘虏兵，故意开快车，把我们颠得够呛。凌晨 2 点左右，大家都在车上迷迷糊糊睡觉，通讯员被颠了下去，大约走了两里路才发现。汽车又返回把他找回来，幸好他没有受伤。天快亮时，我们到了罗岗岭附近。司机把车开得更快了。快到麻章时，汽车突然停了下来，原来是油箱给颠掉了。就在这时，后面来了一辆商车，车上的人说："看看这是不是你们掉的油箱啊！"我们接过被颠掉的油箱，一再表示感谢。油箱里油还不少，但是油箱管子断了，接不上，汽车还是不能走。实在没有办法，只好把车前盖打开，我坐在车头拿着注油器往发动机里注油，注一次油走几百米，停了再注油再走。就这样艰难地回到了军分区。

1950 年 1 月中旬，被选送去军政大学学习的同志在军分区临时招待所集中。军分区政治部副主任支仁山接见了我们，勉励我们要珍惜机会，好好学习。并指定方广和我为正、副队长，林德和陈孔安为正、副指导员，还为我们每人配发一支七九步枪，说是学校要做教学用。临出发时，

---

① 1 里 = 0.5 千米。

军分区又交给我们一个特殊任务，把两名粤桂边战役中俘虏的国民党高级军官押送到广州，交给广东军区。同月中旬，军分区安排两辆地方商用大卡车送我们去广州。那时，从湛江到广州要走三天。其原因：一是那时湛江通往广州的公路刚恢复通车，路况很差，汽车很难走得快。二是当时西方国家对我国实施封锁、禁运，市面上没有汽油卖，汽车不烧汽油而是烧木炭，就是在汽车上安装一个小锅炉，用蒸汽做动力。遇到陡坡，汽车爬不上去，我们还要下来推车。三是海南岛尚未解放，国民党的飞机从海南岛起飞，常到广东沿海沿公路骚扰，我们要时时提防敌人空袭。我们走到阳江县一渡口时，响起防空警报，司机被吓得逃跑了，过了很久才回来。从湛江到广州，汽车要走三天，现在的年轻人肯定难以理解，但当时的情况确实如此。

第一天早上，我们从湛江出发，傍晚到达电白县的电城镇，那是电白县的老县城，晚上在该镇住宿。第二天早上，从电城镇出发，一路颠簸，晚上到达开平县长沙镇。晚饭后，坐上从长沙去广州的小渡船，第三天上午9点多钟才到达广州，在爱群大厦附近码头上岸。我们的副指导员陈孔安，参军前是广州中山大学的学生，他熟悉广州的情况。他租了两辆卡车，我们乘车到广东军区，把那两个俘虏交给了他们，然后去广东军政大学报到。

广东军政大学校址在广州沙河，原是国民党时期燕塘军校旧址。军政大学校长兼政委为叶剑英，副校长为赵复兴，副政委为李孔亮，教育长为曹诚，政治部副主任为宋昕。学校继承中国人民抗日军政大学（以下简称"抗大"）的优良传统和作风，办事认真细致，我们一到学校报到，许多事情就都安排好了。

广东军政大学全校学员约 3000 人，编为四个大队，大队下设几个中队。第一、二大队招收的是社会上的知识青年，有高中生，也有大学生。第三、四大队是各军分区和部队选送来的干部。我和方广、陈英、李哈、郑启明、王茂权等被分到第三大队十八中队（参谋业务队），李中权、肖政、罗连等被分到军事队，王忠、柳居松、李果、陈孔安等被分到政治队。各大队配备专职大队长、政委，各中队配备队长、指导员，中队下设区队，配备专职区队长。每个区队下设三四个班，班长从学员中选举产生。开学不久，队里成立党支部，队长、指导员、区队长是支部委员。我被选为支部委员，又被任命为第二区队副区队长。区队长禹金声是个老同志。

我是在农村长大的，在党的哺育下参加革命，家乡刚解放就被选送到省城军政大学学习，心里非常高兴。认识到这是党组织的关怀，我下决心一定要把学习搞好。我在学习上非常积极，工作中认真负责，注意团结同志，中队领导对我的印象很好。

刚入学时，学校给我们发的是士兵服装，上衣是苏式的套头衫，裤子不是西式短裤，而是中式大裤衩，前后各一个口袋，对此大家很有意见。

学校伙食不错，也许是我们过惯了游击队的艰苦生活，现在能吃饱饭，就非常满足了。我们上学期间按战士待遇发放生活补贴，我记得是合新版人民币1.50元。一个中队住一个大宿舍，是一排排的高架床。住宿条件虽然不太好，但我们已很满足了。

在不平静的环境中学习

广东军政大学在开学的同时进行建校活动，组织学员治理环境，平整土地，整修操场。各个中队发动学员开荒种菜，从开学到毕业一直坚持劳动。

我们到广东军政大学学习时，广州解放刚三个月。国民党军队撤出广州时，肆意杀害共产党人和革命群众。我邻村双港村的陈越是共产党员，在广州做地下工作，就是在广州解放前几天被杀害的。国民党军队撤出时还大肆破坏城市公共设施，破坏痕迹到处可见。珠江大铁桥是当时广州市著名的建筑之一，被炸塌在珠江中，船舶航行受阻。其他重要设施如电厂等也遭到破坏。整个广州市，市容不整，商业萧条，不少商铺关门停业。

那时，广州的社会治安情况也不好，潜伏下来的国民党特务和残渣余孽，常在晚上打黑枪，打信号弹，进行破坏捣乱。特务们还多次企图谋杀叶剑英市长。

国民党蒋介石集团还常派飞机轰炸广州，有几次把炸弹投在闹市区，炸死了不少人。1950年3月3日，国民党飞机在黄沙及珠江河面投炸弹，制造了"三三"轰炸事件，炸死群众308人，伤330人，致1000多人无家可归，是广州市解放后遭到的最大一次轰炸。

那时，我军在广州还没有空军和防空部队，敌机肆意横行，白天来，晚上也来。敌机轰炸天河机场，也殃及我们学校。有一次，一颗炸弹落在离学校不远的沙河桥头，幸好没有爆炸，弹体一半陷入地下，一半露出地面，后来被工兵部队排除了。我那时是中队党支部保卫委员，夜间防空袭时，我还要带保卫小组看守营房。看到国民党的飞机在市区上空肆意投弹，我们非常气愤。

国民党的飞机轰炸，一般是在上午9点以后。有一段时间，学校做出安排，吃完早饭后，到瘦狗岭附近的农村去上课，下午5点多钟才回学校。我们就是在这样不平静的环境中学习的。

积极参加社会活动

在军政大学期间，我们既要努力完成学习任务，还要积极参加广州市的一些社会活动。例如，参加保卫世界和平签名运动，参加控诉蒋介石集团轰炸广州的大会，参加庆祝五一劳动节、五四青年节的集会和游行，给解放海南岛的部队写慰问信，等等。

第二次世界大战结束后，世界人民深感胜利来之不易，都希望世界永久和平。1949年，世界保卫和平大会第一次会议分别在巴黎、布拉格同时举行。1950年，第二次会议在波兰华沙举行，宋庆龄当选为世界保卫和平委员会执行委员、世界和平理事会理事。她在全国发起保卫世界和平签名运动，军政大学学员也积极参加，在车站、码头等公共场所设立签名处，张贴宣传画，营造人民热爱和平的声势。

领导关心激励我们学习

广东军政大学继承了"抗大"良好的校风和传统，领导很关心学员的学习和生活。学校领导、大队领导常对学员嘘寒问暖，这对我们学员是莫大的鼓舞。学校经常安排上大课，校领导做形势报告。叶剑英校长还亲自在学校大操场给我们做形势报告。他说："我国是半封建半殖民地国家，许多帝国主义国家都欺负我们，霸占我国土地。这是我们的耻辱，你们一定要记住这个！"他还勉励我们好好学习，学好本领，报效祖国。听了校长语重心长的讲话，大家备受鼓舞，都表示：一定努力学习，学好本领，报效祖国。

南路军分区领导也很关心我们，阙耀华副司令员到广州开会，代表军分区领导来学校看望我们，了解我们的学习和生活情况。原粤桂边纵队司令员梁广，那时已是广州市副市长，工作很繁忙，还关心我们。他在市政府办公室接见方广、林德、陈孔安和我，询问我们的学习情况，勉励我们好好学习。战争年代，我所在的连队常跟随梁司令员一起活动，彼此熟悉。广州市政府大厅铺着崭新的红地毯，我是"土包子"，都不好意思踩在地毯上。我跟梁司令员开玩笑说："那么好的大厅，那么好的地毯，在游击队时期，住一个连队都很宽余！"他听后哈哈大笑。

认真学习，收获丰硕

军政大学的学习内容，分为政治、军事、业务三大部分。政治学习，主要以改造思想为主，以《社会发展史》为基本教材，讲劳动创造世界，理论联系实际，进行思想教育，重点是改造世界观。学生队以政治学习为重点。学校领导常组织几个大队一起上大课，有时候还放电影、演话剧，配合政治教育，强调思想改造。学员要定期写思想检查，查家庭出身，查个人历史，还开展了忆苦活动。有的学员是从国民党军队起义过来的，在查出身历史的时候，检讨自己的错误，痛哭流涕。当时的思想教育是深入人心的，是很有针对性的，效果很好。

军事学习，包括射击、投弹、刺杀、爆破和土工作业，通称五大技术。每个科目学完之后，都要考核、评分、记录成绩。业务学习，各学员队有所侧重。我们参谋队主要是学参谋业务，包括识图、标图、绘图、用图，起草文件等业务。绘图作业时，首先要学习削铅笔，要求在一毫米内画五条线才算及格，能画六条、七条就是优秀了。

我在军政大学的时间并不长，才八个多月，但在政治思想上有了很大提高，加深了对劳动改造世界、对党的理想信念和奋斗目标的认识。在军事上，掌握了射击、投弹、刺杀、爆破、土工作业等基本技术，开阔了视野。比如，在射击训练中，步枪、机枪、重机枪，我在战斗中都使用过，射击操作没有多大难处，但对射击的原理知之甚少。中式木把手榴弹、俄式手榴弹、日式手榴弹我都使用过，但我对手榴弹的构造原理不是很清楚。通过学习，从过去只会使用到理论水平提高，我受益匪浅。对于爆破，我更是大开眼界，不仅知道炸药有许多种类，如黑色炸药、黄色炸药，还第一次见到了可塑性炸药，跟牛皮糖一样，可以捏成各种形状。

在参谋业务上，初步学习基本功，增长了知识，提高了技能，很有收获。可以说，在广东军政大学学习的参谋业务知识，为我在高雷军分区、粤西军区和以后在总参动员部当参谋，打下了良好的基础。

参加广州市庆祝"八一"建军节阅兵和游行

1950年8月1日，广州市在中山纪念堂广场举行庆祝"八一"建军节大会，有几万人参加。会后进行阅兵和群众游行。军政大学学员编成的方队参加了阅兵，并走在受检队伍的前头。当天，我正好是大队的值星官，有幸带领队伍走过广场接受检阅，心里非常高兴和自豪。

"八一"建军节后不久，我们就毕业了。学校为我们举行了毕业典礼，颁发了毕业证书。毕业后，学生队学员分配到驻广东各部队，干部队学员返回原单位。

回眸往事（二）

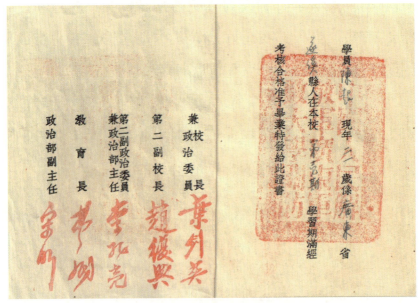

广东军政大学毕业证书

第二章 在高雷军分区任参谋

1950年8月，我从军政大学毕业返回湛江。那时，部队又进行整编，南路军分区改编为高雷军分区。高雷军分区管辖第二十二团、第二十三团和东海岛海防独立营、电白海防独立营，以及茂名、电白、吴川、梅茂、信宜、化县、廉江、遂溪、海康、徐闻等县大队和湛江市警备区。高雷军分区司令员是汪昌桂，政委由高雷地委书记刘田夫兼任，副司令员兼参谋长是阙耀华，副政委兼政治部主任是杨辉图，参谋长是鲁风。军分区机关设司令部、政治部、干部部、后勤处，以及警卫连、侦通连、教导队等单位。从1950年9月到1952年10月，我一直在高雷军分区司令部作战科任参谋，参与"清剿"土匪、镇压反革命、保护土改、守卫海防等工作。

"清剿"土匪

1950年9月，广东全境除沿海个别岛屿外，绝大部分地域已经解放。国民党蒋介石集团不甘心失败，遗留下的残兵败将、特务分子组成土匪武装，进行破坏活动。据统计，1950年至1951年底，南路地区就有100多个区乡政权遭到土匪袭击。匪患严重的地区有海康、徐闻、茂名、信宜等县，海康县有陈宏良、谢元楷、符学义等股匪活动，茂名县有陈生等股匪活动。

"清剿"土匪在当时是军分区的一项重要任务。活动于海康县的顽匪陈宏良、谢元楷、符学义等，就是被军分区第二十二团歼灭的。符学义原是土匪，日军占领期间当了伪军，日本投降后国民党军队要抓他，他为了逃命投靠我军。但他匪性难改，后又叛变投敌。湛江解放后，他又当了土匪。这个反复无常、罪大恶极的坏蛋，群众恨之入骨，终于被我军击毙了。

1951年初，军分区副参谋长王杰带领工作组，前往海徐地区指导剿匪工作。工作组成员有我（作战参谋）、李哈（侦察参谋）、王健魄（通信参谋）和潘江（政治部干事）。海康、徐闻地区的土匪大部分被消灭后，为促进各县追捕潜逃的散匪，军分区从侦察连选出十名战士组成一支"飞行队"，每人配卡宾枪一支（或驳壳枪一支），自行车一辆，由我和侦察参谋李哈带领，到遂溪、廉江、化县、吴川、电白等县实地了解情况，追剿残匪。

据不完全统计，仅1951年上半年，南路军分区就进行了围歼土匪的战斗750多次，歼灭土匪19 136人。到1951年底，剿匪任务就基本结束了。

镇压反革命

新中国成立后,为巩固新生的人民政权,1950 年 10 月,中共中央发出《关于镇压反革命活动的指示》,全国各地开展了镇压反革命(以下简称"镇反")运动。"镇反"主要是对罪大恶极、怙恶不悛的反革命分子进行清查,依据其犯罪情节进行处理。这对于维护社会稳定,保护人民安全,保卫新生的人民政权是非常必要的。

高雷地区于1951年开展镇反运动,军分区司令员汪昌桂任高雷地区镇反办公室主任。根据当时情况,以海康地区作为镇反工作重点,镇反办公室临时搬到海康县城。军分区警卫连以及我和王健魄等几名参谋、干事也随汪司令员去海康,在镇反办公室工作。当时海康县委书记是方兰,县长是肖汉辉。在海康县委、县政府的配合下,镇压了一批反革命分子,保护了群众,维护了社会治安,群众是拥护的,反响是好的。后来海康县也有人反映,存在误判误杀的情况。那时,镇反工作声势浩大,时间要求紧,镇压人数多,司法体制和审判程序不健全,难免有冤假错案。

守卫海边防

高雷地区海岸线长，地理位置重要，守卫海边防是军分区的一项重要任务。为此，军分区将第二十二团部署在雷州半岛，第二十三团部署在高州地区，还在湛江港出口处的东海岛、硇洲岛部署了东海岛海上独立营，在电白县的水东港部署了电白海上独立营。

为守卫好海防，领导常组织工作组检查部队战备工作。有一次，我随军分区副参谋长邱伯寿，到东海岛、硇洲岛和电白县的水东港、博贺港，检查部队战备工作，并进行兵要地志调查。那时，驻海岛部队条件差，很艰苦。军分区给驻东海岛海防大队配发两门战防炮，当时湛江至东海岛没有公路，不通汽车，几经周折，才把这两门炮运上东海岛。海防部队准备把这两门炮配置在龙水岭阵地上。那时，岛上没有汽车，只好用水牛来拉，牛拉人推，好不容易才把这两门炮拉上阵地。那时驻岛部队就是在这样困难的条件下守卫海防的。

保护土改

1950年冬，中央决定用两年半或三年左右的时间，在全国分期分批地完成土地改革。土地改革的总政策是：依靠贫农、雇农，团结中农，中立富农，有步骤有分别地消灭封建剥削制度，发展农业生产。土地改革的基本内容是，没收地主的土地分给无地或少地的农民，把封建剥削的土地所有制改变为农民的土地所有制。

为了深入发动群众，各县政府都派出土改工作队深入农村，宣传、发动农民群众，组织农民向封建地主阶级开展斗争，建立城乡反封建统一战线。1952年，高雷地区开展土改运动，军分区根据上级指示，要求干部战士以正确态度对待土改运动，并要求部队保护地方土改顺利进行。化县是当时高雷地区土改的重点县。中共广东省委和高雷地委都派工作组到化县指导土改工作，土改队还进行整风学习。

当时，化县县委书记是李郁，县长是吴宏信。高雷军分区派警卫连进驻化县，我随警卫连到化县参加保卫土改工作。我在化县工作了两个多月，顺利地完成了任务。

1952年底，全国土改基本完成。三亿多无地或少地的农民分到了土地，彻底结束了中国2000多年的封建土地制度，促进了农业生产的恢复和发展，促进了经济的发展，为社会主义建设奠定了基础。

参加"三反"运动

1951年，全国上下开展反贪污、反浪费、反官僚主义运动，通称"三反"运动。重点是反贪污。新中国成立初期，一些干部出现贪污问题，开展"三反"运动是非常必要和及时的。毛主席关于查处天津刘青山、张子善的指示，对全国"三反"工作影响很大，起到了积极的推动作用。

高雷军分区的"三反"运动，是司、政、后机关分别组织学习班集中学习。各县大队的干部，也集中到军分区教导队学习，要求统一思想，统一认识，自我坦白，人人都要做检查，向组织交代有没有贪污、浪费和官僚主义。"三反"运动对端正党风，揭发腐败分子，提高反贪污、反浪费和反官僚主义的认识，起到了很好的作用。但运动中有的单位做法简单粗暴，甚至分配打"老虎"的指标，以致出现"逼、供、信"的现象。军区教导队一位同志告诉我一件可笑的事：有一个干部由于被逼供，被迫承认贪污了十多万元。审查中要查来龙去脉，追问他钱在哪儿，他认为犀牛角是值钱的，就说：全买犀牛角了。又问：犀牛角在哪儿？他又说：又换成钱了。又问：钱在哪儿？他又瞎编瞎说：买飞机支援抗美援朝了。这是笑话，是逼供逼出来的笑话。

"三反"运动期间，我因长期在外参加剿匪工作，没有在机关参加"三反"运动学习班，回机关之后按要求要补课。司令部机关党支部为我开了一天会，大家给我提了不少问题。重点问题是，我在剿匪中有没有贪污，有没有将缴获的东西窃为己有，等等，我都如实做了回答。那时，一心为革命，一心为公，没有私心杂念，没有贪污的思想，更没有贪污的行为。

军分区司令员汪桂昌于1951年在海康负责搞镇反和剿匪工作时，部队曾上交手表十多块。我那时没有手表，不方便工作，汪司令员将一块手表交给我使用。我完成任务后，主动将手表交还给了汪司令员。

联想起1948年，粤桂边区部队第一次袭击湛江时，击毙中统特务头子张辅森，缴获了他的驳壳枪和C码手表。团领导把驳壳枪和手表给了营长唐仕宏使用。唐仕宏提拔为副团长离任时，把这支枪和这块表交给了我，我当时是副营长。我在去军政大学学习前，又将这支枪和手表交还给了组织。如果这两件东西现在还能找到，那就是有意义的历史文物了。

那时的干部清正廉洁，没有私心，特别是经过"三反"运动后，大家对自己要求严格，整个社会风气正。与现在有的地方"老虎""苍蝇"横行，形成鲜明对照，值得大家反思。

我在高雷军分区工作期间，积极认真，不怕苦，不怕累，凡领导交办的事情，尽心尽力去办，较好地完成了工作任务。

支援抗美援朝

1950年，朝鲜战争爆发后，全国各地响应毛主席号召，支援抗美援朝。高雷地区军民广泛开展"抗美援朝，保家卫国"的宣传活动，举行抗美援朝示威游行，动员医务人员和工人参加抗美援朝医疗队和后勤服务队。街道上的大喇叭天天播放抗美援朝的歌曲，报纸上宣扬爱国艺人常香玉为志愿军捐献飞机的事迹。高雷地区军民热情高涨，积极参加各类捐献活动。

根据上级的指示，高雷军分区于1951年6月将第二十三团、第二十二团的一个营和粤中军分区的基干营，组成华南军区暂编第四团。该团于同年8月开赴东北，为志愿军补充兵员。

湛江、遂溪机场移交空军

高雷地区有两个机场。一个是湛江机场，是法国占据广州湾时修建的，因靠近西厅村，亦称西厅机场。我的母校黎明小学所在地陈铁村就靠近这机场。该机场自日本投降后，就没有使用过，机场的房屋全部损坏了，只剩下两条水泥跑道。另一个是遂溪机场，是日军于1944年修建的，是土跑道。日本投降后，机场建筑物已经废弃，跑道外的空地都种上了庄稼。1945年10月10日，南路人民抗日解放军第一团（以下简称"老一团"），在团政委唐才猷的指挥下，夜袭遂溪机场，歼敌100多人，缴获重机枪3挺、飞机用机枪8挺、步枪130多支。这次战斗，在当时震惊了国民党，造成的影响很大。

  1951年上半年，高雷军分区接到上级通知，将湛江、遂溪机场移交空军。空军方面派一名处长前来接收。军分区领导接见该处长后，安排我负责办理此事。我陪同空军派来的处长实地察看了这两个机场，最后把军分区保存的这两个机场的图纸交给了空军的处长，算是移交了。

第二章
在粤西军区任参谋

1952年，中央军委决定，广东撤销军分区建制，成立粤东、粤西、粤北、粤中、海南五个三级军区（副军级）。粤西军区由高雷和粤中军分区组成。军区机关驻湛江市赤坎区。司令员是余成斌，政委由粤西区党委书记武光兼任，副司令员是傅春早，副政委是杨辉图，参谋长是郭庆祥，后勤部部长是云青山。粤西军区把作战、训练军务等业务合并为一个科，称参谋科。邱伯寿是科长，李树德是副科长，我任作战参谋。

余成斌司令员

傅春早副司令员

除兽害保护农业生产

粤西军区成立时，剿匪、镇反、保护土改等任务已基本完成。那时，山区的群众反映野猪太多，损坏庄稼，影响农业生产。茂名、信宜县群众还反映常有老虎进村吃猪、吃人，群众害怕，有的村民都搬迁了。海康、徐闻县也发生了老虎咬死人的情况。广东其他山区也有类似情况。为此，广东省军区下发文件，要求各地组织民兵开展除兽害活动，保护农业生产。省军区还专门召开除兽害保护农业生产的经验交流会议。

我在粤西军区司令部参谋科任作战参谋，分管守卫海边防等工作，这时又增加了除兽害保护农业生产的任务。粤西地区除兽害取得了不错的成绩。1954年初，广东武装工作部为了推动除兽害工作，在广州召开了除兽害经验座谈会，我带队参加会议。海康县民兵打虎队还在座谈会上介绍了打虎的经验。

难忘粤西军区的体育活动

粤西军区的体育活动很活跃。军区有篮球队、足球队、排球队，还有一批体育活动的骨干。阮毅（文化科长）、余彤（文化干事）、李岳（秘书）、陈英（参谋）、黄毅和陈琼（文化教员）等，经常带头参加和组织大家开展体育活动。那时，上级规定的作息时间表也为开展体育活动提供了条件。广东夏季炎热，上级规定：上午7—12时上班，下午不上班。这样，我们就有充裕的时间开展体育文化活动。我喜欢踢足球、打篮球和游泳，早上早起上班，集中精力工作，午饭后，先去海边游泳池游泳，后去踢足球或打篮球。几乎天天这样。湛江的足球运动基础好，有五六个市一级的足球队，每周末都会有足球比赛，足球运动很受欢迎。当时，粤西军区足球队在湛江市是很有名气的，曾参加广东省运动会足球比赛，还得了奖。军区足球队是业余的，由机关干部组成，其中营级干部就有四五人。我是足球队成员之一，打左边锋的。粤西军区篮球队在湛江也是比较有水平的。我也喜欢打篮球，是军区司令部篮球队队员。

傅春早副司令员（左二排第8位）与运动员合影

军区排球队是由从台山县民兵中挑选征集入伍的战士组成的。台山县是全国有名的排球之乡，每逢圩期（赶集），常举行排球比赛。那时是九人排球。粤西军区撤销时，军区排球队由解放军八一队接收。有个队员叫伍理民，他创造了"快扳"打法，后来还当过八一队的排球教练，参加过一些国际大赛，取得过好成绩。

一场特大的台风

台风是我国沿海地区一种严重的自然灾害，广东沿海地区是台风登陆的高频地带。粤西地区历史上曾多次发生大台风，给人民生命财产造成极大损失。

1954年9月，一股强台风在广东湛江登陆，中心风力达十二级（当时台风评定的最高级别）。台风袭来时，天昏地暗，狂风肆虐，树倒房塌，非常可怕。台风过后，到处都是断壁残垣，大树被风连根拔起，不倒的树叶子都没有了，树干被风沙吹打，变成了黑色。公路两旁法国统治时建的铁电线杆不少被风吹弯倒下，公共汽车站里的大客车被台风吹翻在地。由于没有经验，也为了省钱，驻军新建的营房使用单砖砌墙，大多数都倒塌了。有的战士还被台风吹到海里去了。

粤西地区党委新建的大礼堂也被吹倒了。那时，粤西地区党委正在召开全区县委书记会议，晚上县委书记就住在大礼堂里。台风袭来，大礼堂倒塌，有人被压在倒塌的礼堂内。粤西地区党委向军区求救，军区领导决定派警卫连去营救，但因风太大，连中吉普车都难开出去。台风稍减弱后，军区警卫连才乘车赶到现场。在倒塌的粤西地区党委礼堂里，救出了一名县委书记。

这场台风令湛江市损失惨重，很多大树被连根拔起，不少房屋被吹毁，海潮暴涨，渔船被吹上了岸，水泥电线杆被吹倒。据有关部门统计，这场台风造成884人死亡，2601人受伤。这是我一生中遇到的最大的一次台风。

第四章
在台山县兵役局任动员科科长

1954年10月，我被任命为台山县兵役局动员科科长，参加征兵试点等工作。台山县是个特等县，是有名的侨乡。当时，全县人口约80万人，据说该县的海外华侨也有几十万人。台山县华侨分布面很广，主要在美国、古巴、巴西，以及印度尼西亚、马来西亚、泰国等地。鸦片战争后，西方侵略者在中国大肆拐掳华人当劳工。台山县在外华侨大多数是贫苦人，这些人背井离乡，把挣到的血汗钱寄回家乡买田地、盖房子。华侨盖的房子多数是西式的，开平县、台山县西洋式的碉楼群现在还保留着，这是侨乡的特点。华侨对台山县的贡献很大，华侨寄回来的钱和物对台山县的建设很有帮助。

台山县是华侨之乡，又是中国有名的排球之乡。南方有赶集的习俗，每逢赶集日，年轻人就举行排球比赛。打排球在台山很盛行。

参加征兵试点工作

1954年，我国第一部兵役法尚未正式颁布。为取得征兵工作经验，上级决定把兵役法草案发给一些县市，先进行征兵试点。我到台山兵役局时，正好赶上台山县进行征兵工作试点，县委、县政府很重视，准备工作充分，宣传发动工作做得很好，应征青年踊跃报名，圆满完成了任务。

征兵试点工作也遇到了一些不好解决的问题。按照规定，海外关系政治情况不清楚的应征青年不能报名。台山县是有名的侨乡，有海外关系的人很多。台山县在召开区、乡、大队三级干部会议，部署征兵试点工作时，县长为了解情况，在大会上说有海外关系的请举手，会场1/3以上干部举了手，可见有华侨关系人数之多。新中国成立之初，许多国家没有与我国建立外交关系，华侨在海外的政治情况，很难得到证明。一些青年就失去了加入解放军的机会。这是该县征兵政审工作遇到的难题。好在全县适龄青年多，可选征的基数大，对完成征兵任务没有影响。

征兵试点给了我们一个启示，在制定全国性政策规定时，既要考虑普遍性做出原则性规定，还要考虑特殊性因地制宜做出一些特殊规定。

到军区教导队当军事教员

我在台山县兵役局工作了约一年时间，其中有三个月时间被抽调到军区教导队协助工作，当军事教员。我在粤西军区工作时任作战参谋。军区傅春早副司令员分管作战和训练工作，对我比较熟悉。我去台山县兵役局后，他还打电话给我，要我说明有关作战方面的一些情况，有时要我回去参加研究。当时军区教导队需要教员，他就临时抽调我到教导队当军事教员。

　　我在台山县兵役局时间不长，但台山县给我留下了深刻的印象。台山县是有名的侨乡，是个好地方。台山县在外侨胞是爱国的，他们将辛苦劳动所得的钱寄回家乡，支援家乡亲人，支援家乡建设。

第五章 奉命调总参动员部

1955年10月底，我在台山县兵役局接到粤西军区干部部的电话通知，说我工作有变动，调总参动员部工作，要我尽快交代工作，去北京报到。我听到这个消息后很惊讶，不敢相信这是真的。我当时在想，一个基层干部怎么会一下子就调到总参谋部①工作呢？我是带着既高兴又疑惑的心情离开台山县的。

　　我回到湛江后，军区干部部的同志对我说："总参谋部成立动员部需要补充人员，军区推荐了你，上级已经批准，你准备一下，尽快去报到。"我了解到这些真实情况后，很高兴，战友们知道后也为我高兴。军区副司令员傅春早找我谈话，勉励我到新岗位后要好好工作。领导和战友们的关心，让我很感动。我也向傅副司令员表示，一定尽心尽力做好工作，不辜负组织的期望。我当时的心情是既高兴又担心，心里总想着，一个基层干部没有在大机关工作过，到总参动员部能干什么呢？但我也想到既然组织信任我，我就一定要把工作做好，决不辜负组织的期望。于是，我收拾行装，打好背包就出发了。

　　我先到广州中南军区干部部办手续。中南军区干部部的同志工作认真细致，已把我去北京的介绍信写好，连去

---

① 指原总参谋部，全书下同。

北京的火车票都准备好了。我坐上了去北京的火车,一个人赴北京上任。这是我人生第一次坐火车出远门,没有伙伴,也没有熟人,既高兴激动,又有点忐忑不安。

我乘坐广州至北京的火车,出广东,经湖南、湖北,渡长江,过黄河,过河南、河北,于1955年11月8日早上到达北京前门火车站。我出站之后,是乘坐三轮车到动员部报到的。途经天安门广场,看到宏伟的天安门城楼,心潮澎湃,激动不已,心里一直向往的首都北京终于到了。动员部办公室的同志热情接待了我,妥善安排了食宿问题。那时已是冬天,北京天气很冷,北风呼啸,而我穿的是南方部队配发的薄棉衣,冻得难受。动员部领导对我很关心,报到当天,就让管理科给我换发厚棉衣、棉帽和棉鞋。我又上街买了厚棉被和褥子,以及一些生活用品。总参动员部那时的办公室和宿舍,是北京式四合院的平房。办公室和宿舍都在一个大院子里。我被安排和耿祥波参谋合住一间房,面积约10平方米,只能摆放两张单人床、一张桌子和一个取暖的火炉。耿参谋是河北人,对我很关照。北方的

作者第一次授衔时照片

作者获三级解放勋章时照片

冬天，房子里要生煤球炉取暖，我还是第一次见到这东西。耿参谋教我生煤球炉，给我介绍北方生活常识。动员部的住房条件并不好，但人情味浓，我一报到就受到热情接待，感到很温暖。

我到动员部报到时正赶上总参谋部举行授衔、授勋仪式，我被授予大尉军衔和三级解放勋章。

第六章 在总参动员部任参谋

我到总参动员部报到后，被安排在预备役训练统计处任参谋。总参动员部是主管全国民兵和预备役工作的部门，它的前身是军委人民武装部。总参动员部于 1954 年 11 月成立，王平任部长，曹宇光任副部长。1957 年，王平部长调离。军委即任命傅秋涛为动员部部长。后来预备役训练统计处更名为预备役士兵处，我仍在该处任参谋。1959 年大办民兵师之后，动员部以民兵工作为主要任务，组织机构又进行调整。预备役士兵处更名为组织处，主管民兵组织工作，我又在组织处任参谋。算起来，我在动员部任参谋近 14 个年头。在这 14 年里，我主要参与以下几个方面的工作。

参与预备役制度建设

1955 年 7 月，新中国第一部兵役法《中华人民共和国兵役法》（以下简称《兵役法》）颁布实施。从此，我国由实行志愿兵役制度向义务兵制度转变，在后备力量方面实行预备役制度。各军区、省军区、军分区设立动员机构，各省（市、区）和县（市、区）设兵役局，负责预备役工作。这个时候，我的主要工作是参与预备役制度的建设。

1. 到广东清远县参加征兵和预备役登记试点

按照《兵役法》的规定，适龄青年除应征服现役者外，其余人员要服预备役，在征兵时进行预备役士兵登记。为做好这项工作，总参于1955年11月发出指示，要求各军区征兵时，对未被征集服现役的适龄青年进行预备役登记，并指定一县市进行试点。中南军区确定在广东省清远县进行试点。1955年12月，总参动员部派米光副处长带工作组前往清远县了解试点情况。工作组成员有周化民和我两名参谋。那时我到动员部还不到一个月。

预备役士兵处全体合影

清远县是粤北地区的大县。工作组参加了清远县为布置征兵工作而召开的区、乡、大队三级干部会议，了解了该县对征兵和预备役登记的部署，听取了县领导和武装部的汇报，然后分头到三个乡的征兵工作站了解征兵和预备役登记情况。

清远县人口70万，应征青年数量多，征兵任务1000人。在完成征兵任务的同时，要对未被征集的青年进行预备役登记，并发放服预备役证件。这是一项新工作，也是一项很繁重的任务。米光副处长和周化民参谋在县里了解情况，而我到两个公社的征兵站了解情况。那时，该县的预备役登记工作准备不充分，服预备役的证件没有印制出来，服预备役的宣传教育和登记准备不够，遇到的问题不少。我们在清远县工作了约一个月。

我们离开清远后到广州，与中南军区动员处处长陈新共同研究征兵与预备役登记的有关问题。

参加清远县征兵结合预备役士兵登记试点，让我深深体会到，在我国建立预备役制度，把几千万预备役人员登记起来，进行服预备役教育，发放役备役证件，建立预备役制度，是一项极其复杂且工作量很大的任务。

2. 在全国兵役干部集训班工作

1955年10月，总参动员部部长王平赴苏联考察，学习苏联兵役和动员工作的经验，历时两个多月。他回国后，向军委和总参领导写了专题报告，并提出了集训兵役干部的建议。他认为只有提高各级兵役干部的认识和业务水平，才能把工作做好。军委同意王平部长的建议。

1956年1月26日，总参、总政治部①（以下简称"总政"）发出通知，要求各省军区举办各级兵役干部学习班，轮训干部。总参于当年6月在北京举办全军兵役干部集训班。参加集训的有各大军区动员处处长、装备计划处处长，各省（市）兵役局局长，各省军区动员科科长，各军兵种的动员工作干部，共200多人，集训时间两个月。集训的内容主要是学习苏联动员和兵役工作的做法与经验，并研究我国应该采取的做法。会议地点在总参广安门招待所。总参领导对这次集训非常重视，主管动员工作的张宗逊副总长到会讲话。王平部长在集训班介绍了到苏联考察的体会，提出了我们的做法，请大家研究讨论。

为了搞好这次集训，动员部机关抽调干部到集训班工作，我是其中一员。这是一次难得的学习机会，在认真做好保障工作的同时，与集训班的同志一起学习了动员和兵役工作的基本知识。经过两个月的相处，我熟悉了各大军区和各省兵役局的领导干部，这对我后来的工作有很大帮助。那时各军区动员处处长和各省兵役局局长都是资历很老的同志，比如，沈阳军区②动员处处长邱会魁、河南省兵役局局长余品轩都是少将军衔的干部。兰州军区动员处处

---

① 指原总政治部，全书下同。
② 指原沈阳军区，全书下同。

长曾招捌等同志是长征干部。集训班的同志认真研究问题的态度也给我留下了深刻的印象。

3. 到甘肃、陕西调查研究

1957年初，王平部长调离。傅秋涛任动员部部长。傅秋涛部长重视深入基层调查研究，了解实际情况。他认为，只有了解实际情况，才能更好地指导工作。他要求动员部的干部每年深入基层调查研究的时间不少于120天。

1957年8月，动员部派出多个工作组到各地调查研究。派到兰州军区的工作组组长是张频藩处长，成员有刘世章参谋和我。我们到兰州后住在军区的第一招待所（现西北宾馆）。兰州军区动员处处长曾招捌给我们介绍了预备役登记情况和民兵工作情况。兰州的预备役登记和民兵工作做得很好。军区安排我们到雁滩乡农业合作社了解情况。那时从兰州市区去雁滩，要坐渡船才能到达。雁滩农业合作社以种植蔬菜为主，供应市区人民生活。看到当地人在布满小卵石的菜地上种菜，还用大碗盖着小菜苗，我感到很奇怪。原来这是为了保持水分而采取的方法，这对南方人来讲是非常新鲜的。后来我们离开兰州到定西县。张频藩处长和刘世章参谋在定西县城了解情况，我去县城附近两个乡了解情况。这里的复员军人安置工作做得很好，复员军人都参加了民兵组织，不少人还当了基层干部。

定西通称陇西，是古丝绸之路上的重镇，经济欠发达，生活条件较差，但民风淳朴，社会风气正。农民把收割的麦子、玉米就放在地里，有的把已脱粒的粮食存放在耕地上挖好的地洞里，不怕被盗窃，也没有人偷窃。这种良好的社会风气给我留下了深刻印象。

我们离开甘肃后，到陕西省西安市了解民兵预备役工作和退伍军人安置情况。陕西省军区预备役登记工作做得比较好，1956年上半年就已经完成18—20岁未被征集的预备役士兵的登记任务。对复原退伍军人也进行了登记，并编入民兵组织。

省军区安排我们去武功县了解情况。我们从西安乘火车到杨凌镇站下车。从杨凌到武功那时还不通汽车，我们是坐马车去的。我们三个人分坐两辆马车，路上拉车的马受惊，狂奔好几里路，险些把我们从车上颠了下来。车老板直喊："不要怕！坐好！抓紧！"惊马狂跑了一阵才停了下来。到县城后，车老板连连向我们道歉。

我们在武功县听取了武装部的工作汇报后，张频藩处长和刘世章参谋在县里继续了解情况，我被安排到后稷庙乡蹲点。后稷，姬姓，名弃，生于稷山，曾经被尧举为农师，被舜命为后稷。后稷教民耕种，被认为是开始种稷和麦的人。后稷庙乡政府就在后稷庙旁边。后稷庙乡的风光优美，生态环境好，山崖上有许多鸽子窝，野鸽子成群结队地飞翔，麦地里常看到野兔在乱窜。可见，当时这里的生态环境是很好的。

那时，下乡要求做到"三同"（即同吃、同住、同劳动）。我住在民兵营长家里。第一天下午，我与乡干部开座谈会，傍晚时分，民兵营长的小孩跑来对我说："叔，我妈叫你'喝汤'呢！"我说："我不渴，不喝汤了。"那几个乡干部听后都笑了，他们叫我跟他回家吃饭。我后来才明白，陕西关中一带吃晚饭一般都是喝面汤，所以把吃晚饭叫"喝汤"。原来我闹了个笑话。陕西关中人还有一个习惯，就是吃饭的时候，喜欢端个大碗蹲在家门口吃。有时几个邻居围在一起，一边吃一边拉话。这里独特的习俗、淳朴的民风、美丽的风光，都给我留下了深刻的印象。

4. 到海南岛了解民兵和复员退伍军人安置情况

1958年1—2月，动员部派出九个工作组40多名干部下基层调查研究。其中一个组去海南岛，张频藩处长任组长，我是成员之一。我们先乘火车到广州，从广州乘飞机去海口，这是我第一次坐飞机，途中飞机突然急转弯往回飞，快飞到广州时，乘务员才宣布，飞机发生故障，返回广州白云机场降落。乘客们虚惊一场。半小时后，故障排除，飞机重新起飞，安全到达海口。海南省军区副司令员马白山到机场迎接我们。马副司令员是原琼崖纵队副司令员，少将军衔，待人热情、诚恳。海南省军区动员处王处长给我们介绍了海南岛民兵预备役工作情况，特别是退伍军人安置和预备役工作情况,然后安排我们去海南岛的琼海、万宁、三亚等地。我们到了三亚市杨澜镇回辉乡,这个乡是海南回族的一个聚居点。当时正处于"大跃进"、大办人民公社和大办民兵时期,群众热情高涨,社会治安情况很好。

1959年1月,国务院和中央军委决定动员4万退伍军人去海南岛参加经济建设,解决海南岛劳动力不足的问题。动员对象主要是广东籍和福建籍的退伍军人。安置单位是海南农垦系统,主要是种橡胶、剑麻、咖啡、香茅等作物。为了解这批退伍军人的安置情况,总参组织工作组赴海南岛。工作组的成员来自海军、炮兵、通信兵、工程兵等。我又一次参加工作组到海南岛,被分配到琼中县乌石农场蹲点了解情况。

乌石农场位于海口到五指山的公路边上,条件比较艰苦,我住了20天。房子是用树枝竹片搭成的,原来是做仓库用的,就我一个人住,一到晚上老鼠就跑到房子里来,成群结队在房顶上、地板上乱窜,甚至跳到床上咬我的脚趾。乌石农场条件很差,生活很艰苦,发的布票不够用,很多人不穿上衣,光着膀子劳动。全是女同志的班组则穿内衣劳动,安排人站岗放哨,有人来时打声招呼,等劳动完了再把外衣穿上。工人吃饭不成问题,粮食保证供应,但生活用品供应不上,有的家庭洗脸、做饭都用一个铝盆。

连吃饭的餐具供应也有问题。有的人经不起考验逃跑了。不止乌石农场，其他农场也有类似的情况。海南土地肥沃，种瓜得瓜，种豆得豆，不应出现这种情况。这既有客观原因，又有政策方面的原因。那时，工人种自留地被批判是走资本主义道路，要割资本主义的"尾巴"。海南各农场的工人，自觉服从国家规定，艰苦奋斗、克服困难、渡过难关，为国家做贡献，这种精神是难能可贵的。

5. 到福建了解民兵工作和退伍军人安置

1958年5月，总参动员部又派出了多个工作组去福建、浙江、广东等沿海地区，了解民兵和复员退伍军人安置情况。其中，去福建的工作组有周秉乾、于长青和我三名参谋，周秉乾任组长。

那时，去福州还不通火车。我们从北京到福州，途经武汉、九江、南昌、南平四个城市，又从南平乘坐小船，沿闽江顺流而下到达福州。闽江水流湍急，小船颠簸得厉害，不少人晕船。但沿岸风光秀丽，又值5月鲜花盛开，让人兴奋得忘了颠簸的劳累。我们到达福州后，福建省军区热情地接待了我们，安排我们到晋江军分区了解情况。晋江军分区安排我们到深沪、祥芝、青阳等几个乡了解情况。每到一个乡，我们都和乡干部与武装部部长开座谈会，听取他们的汇报和建议，共同研究问题。福建沿海地区是海防前线，军民关系很好，群众对解放军非常敬重，不少乡镇干部都是由转业退伍军人担任的。退伍军人都参加了民兵组织,是民兵组织中的骨干。他们带领民兵,配合部队守卫海边防,成了解放军的有力助手。

贯彻毛主席大办民兵师和民兵工作"三落实"的指示

1958年初,美国在台湾海峡制造紧张局势,其第七舰队进驻台湾海峡,飞机侵犯我国领空,对我国进行军事挑衅和战争威胁。台湾蒋介石集团也蠢蠢欲动,疯狂叫嚣"反攻大陆"。

为了对付美帝国主义的侵略,打击国民党台湾当局的嚣张气焰,党中央和中央军委采取了一系列加强战备的措施。1958年8月,中共中央北戴河会议通过了《关于民兵问题的决定》,将民兵列为人民公社工、农、商、学、兵五位一体不可分割的一部分。在大办人民公社的同时,掀起了大办民兵的高潮。1958年9月29日,毛主席发表重要谈话,他说:"帝国主义者如此欺负我们,这是需要认真对付的。我们不但要有强大的正规军,我们还要大办民兵师。这样,在帝国主义侵略我们的时候就会使他们寸步难行。"10月1日,在首都北京庆祝国庆节游行队伍中,出现了"首都民兵师"的旗帜。这对全国影响很大。自此,全国掀起了大办民兵师的高潮。到1958年,全国建民兵师5170

多个、民兵团44200多个，民兵人数由原来的4000多万人发展到2亿多人。

1962年6月，毛主席在中南地区视察工作时，针对民兵工作存在不落实的情况，他指示："民兵工作要做到组织落实、政治落实、军事落实；民兵武器要修理好。天上掉下来的，地里冒出来的，怎么对付，都要有些办法"，"民兵组织一定要搞好，班、排、连、营编组好，要有能力强的干部"、民兵在政治上一定要可靠，特别是基干民兵，要搞些训练。一有情况，能吆喝拢来。

根据毛主席指示，全国掀起大办民兵师，狠抓民兵工作"三落实"的高潮。大办民兵师作为反对帝国主义侵略的一项战略措施，有着重要的历史意义，激发了广大人民的爱国热情，推动了民兵建设的快速发展，显示了中国人民群众武装力量的巨大威力，使帝国主义不敢轻举妄动。正如英国元帅蒙哥马利所说，战争光靠原子弹解决不了胜负问题，谁要想入侵中国，碰到中国民兵，是进得去，出不来的。

我在动员部积极参与贯彻毛主席大办民兵师和民兵工作"三落实"的指示。

1. 两次参加全国民兵工作会议，做会务工作

1958年10月，总参在北京召开全国民兵工作会议，参加会议的有各军区、各省军区主管民兵工作的领导和各省市兵役局局长，共83人。会议传达了毛主席大办民兵师的指示，研究贯彻落实措施，研究民兵组织建设、军事训练和武器装备问题。我在会议会务组工作。

会议期间，参观两个民兵工作先进单位。一个是北京工业学院，它是城市学校办民兵的典型，也是总参动员部抓的点。该学院各系学生都编入民兵组织。军委炮兵、通信兵、工程兵等自带武器装备，到该学院开展民兵训练，搞得很好。另一个是河北徐水县。该县是全国大办人民公社最早的单位，是受到表扬的典型。那时北京市的党政机关、团体，不少单位都组织人去徐水县参观。总参动员部也派工作组到该县开展民兵工作。会议期间，张宗逊、张爱萍副总长分别带领与会代表前往这两个单位参观。

1960年1月，总参、总政又在北京召开全国民兵工作会议。参加会议的有各大军区、省军区主管民兵工作的领导和各省、市兵役局局长，共513人。傅秋涛部长主持会议。会议主题是学习毛主席大办民兵师的指示，学习《中共中央关于民兵工作问题的指示报告》，研究贯彻落实措施。我在会议会务组工作。

会议开始时，军委副主席贺龙元帅到会讲话，他指出，民兵工作要本着普遍组织、重点装备、要地配置的原则，构成强大的全民防御网，要由以农村为重点转向城市、工矿地区、交通枢纽为重点，并以这些重点地区经验推动全面工作。

张爱萍副总长、甘泗淇副主任和国家体委、总工会、团中央领导分别在会上讲了话。周恩来总理、陈毅元帅、贺龙元帅接见了与会人员，并合影留念。

这一时期，全国掀起了"大跃进"、大办人民公社、大办民兵师的高潮，出现了一些不切合实际的提法，出现了大轰大嗡、形式主义和弄虚作假的做法。有的以生产组织代替民兵组织，有的将不符合条件的人也编入民兵组织。

罗荣桓元帅于1959年分管民兵工作，他经过调查研究，发现民兵工作中存在一些问题，最主要的是对"全民皆兵"的含义缺乏正确认识。罗荣桓元帅认为，"全民皆兵"是一个战略口号，不是现实的行动口号，如果把它作为一个行动口号，就必然会造成高指标、高要求、大轰大嗡、一哄而起。他还严肃指出，那种认为民兵人数"越多越好"的观点是错误的，平时民兵数量太多。后来中共中央、国务院颁布了《民兵工作条例》，修改了参加民兵的年龄条件，民兵数量随之减少。

2. 在全国民兵代表会议秘书组工作

为进一步落实党中央《关于民兵问题的决定》和毛主席大办民兵师的指示，1960年初，国务院、中央军委决定召开全国民兵代表会议。2月，总参、总政下发了召开会议通知，要求各省市选出参加全国民兵会议的代表，做好各项准备工作。总参动员部与总政群工部抽调人员成立会议筹备处，负责会议各项筹备工作。筹备处下设文件起草组，负责起草会议文件、首长讲话；会务组负责会议日程的安排；秘书组负责收集各省（市、区）出席会议代表的典型事迹，遴选并审定代表在大会的发言稿。我被安排在秘书组工作。

全国民兵代表会议于4月18—27日在北京人民大会堂召开。各省（市、区）参加会议的代表共计6161人。代表中有许多英雄模范人物、民兵工作先进单位的代表，有土地革命时期的赤卫队员，有抗日战争、解放战争时期的老民兵代表。各军区、省军区、军分区的领导也参加了会议。

大会的主题是进一步贯彻《中共中央关于民兵工作问题的请示报告》和毛主席大办民兵师的指示，宣扬中国民兵的历史功绩和光荣传统，宣扬民兵为保卫祖国所做出的贡献，总结民兵建设的成就与经验，进一步提高对毛主席人民战争思想和民兵战略地位的认识。

会议由总参谋长（以下简称"总长"）罗瑞卿、总政主任谭政主持。军委民兵工作领导小组组长罗荣桓元帅致开幕词。国务院副总理贺龙元帅代表党中央、国务院向大会致贺词。

罗荣桓元帅在民兵代表会议上致开幕词

总长罗瑞卿做《关于民兵建设问题》的报告。时任国务院副总理薄一波在大会上讲话。会议强调，要组织动员民兵积极响应国家号召，带头参加生产建设。民兵是不脱离生产的群众武装组织，民兵工作必须在地方党委的统一领导下进行，一定要注意工作方法，不能离开生产孤立地强调民兵工作。这次会议的召开，促进了民兵工作的健康发展。

罗瑞卿总长在全国民兵代表会议上做报告

4月28日,党和国家领导人毛泽东、朱德、董必武、宋庆龄、邓小平等,在中南海接见了出席会议的代表,并以省、市、区为单位与民兵代表合影留念。

会议结束前,根据贺龙元帅的建议,决定给每个民兵代表赠送一支国产五六式半自动步枪。这是我国刚定型生产的新枪,当时只有少数部队配发。民兵代表听到这个消息时,热烈鼓掌,高兴极了!有的省代表团在会议结束后在人民大会堂前东门广场集合,代表们高兴地背着赠送的五六式半自动步枪,绕天安门广场一周,然后去火车站乘车返回。

这是新中国成立以来规模最大的一次民兵代表会议,也是民兵建设史上一次重要的会议,影响深远。我在会议秘书组为会议服务,感到非常高兴,尽力把工作做好。然而,由于自己粗心大意,故工作上出了差错。1958年3月,广西正式改称广西僮族自治区。由于多年的习惯,我总记得是广西,把一份"广西僮族自治区(即广西壮族自治区)代表"的典型材料,印成了"广西代表"的典型材料,几个字之差,就得重印6000多份。领导虽未批评,但我主动做了

贺龙元帅在全国民兵代表会议上讲话

检讨。这件事使我深深感受到工作必须认真细致，尤其是在领导机关工作，更不能有半点差错，小小差错也可能造成很大的影响。

罗荣桓、彭真、林伯渠、董必武在民兵代表会议主席台上

会议纪念章

会议纪念册

会议印发毛主席的书

深入基层，了解情况，抓典型

全国民兵代表会议结束后，我们动员部的工作中心是了解各地传达贯彻民兵代表会议精神的情况。为此，动员部派出多个工作组下基层蹲点，总结经验，抓典型。

1. 到山东济南了解民兵工作情况

总参动员部于1960年5月初派出多个工作组到各地了解民兵工作情况。去山东的工作组由张频藩处长率领，成员有刘士章参谋和我。我们于5月中旬到济南市。山东省军区领导给我们介绍了贯彻全国民兵代表会议的情况，安排我们到济南市槐荫区和第二机床厂了解情况。张处长和刘参谋在槐荫区，我在第二机床厂。我与工厂武装部同志一起，深入各个车间，与工人们同吃同住同劳动。我们在济南市工作了约一个月，6月中旬回到北京。

山东是革命老区，民兵工作有着光荣传统。大办民兵师之后，民兵工作又有很大发展，总的情况很好。山东省在战争年代涌现出许多民兵模范人物，如于化虎、赵守福、孙玉敏等。新中国成立之后又有被授予"神枪手"称号的女民兵刘延凤等模范人物。刘延凤受到党和国家领导人的多次接见。

济南市民兵工作基础很好，特别是军事训练抓得好，取得了很好的成绩。第二机床厂是济南市民兵工作先进单位，也是有代表出席全国民兵代表会议的单位。党委和工厂领导对民兵工作很重视，认真贯彻毛主席大办民兵师和民兵工作"三落实"的指示，抓民兵组织建设，抓军事训练，严格按要求完成任务。同时，很注意发挥民兵在生产中的骨干带头作用。

2. 到旅大市机车车辆厂蹲点

1960年7月，傅秋涛部长率领工作组检查旅大市的民兵工作。傅部长在听取了旅大警备区领导的汇报之后，安排工作组成员分头到各单位蹲点了解情况。我被安排在大连机车车辆厂蹲点。该厂是铁道部的一个重要工厂，占地面积很大，有上万名工人，是生产先进单位，也是民兵工作先进单位。民兵组织健全，军事训练抓得好。民兵在生产中发挥作用突出，有多个民兵先进生产车间。工厂武装部有部长和五六个工作人员，大部分是部队转业干部。按照同吃同住同劳动的要求，我住在工厂武装部，在工厂食堂吃饭，与工厂武装部的同志一起工作。他们对我很热情，主动向我介绍情况，我在机车车辆厂蹲点了半个月时间，主要利用召开民兵班、座谈会的机会，了解民兵工作情况。

3. 随曹宇光副部长到郭庄民兵营蹲点

动员部很重视抓典型，坚持总结经验、以点带面的工作方法。在大办民兵师和抓民兵工作"三落实"期间，在

郭庄民兵营

全国选定十个民兵工作先进单位作为联系点,并指定专人负责,了解这些单位的工作情况。各军区、省军区也有自己的民兵工作典型单位,总结经验,推动工作发展。曹副部长带工作组在河北省无极县郭庄民兵营蹲点,时间一个月,我和王芝是工作组成员。

郭庄民兵有着悠久的历史,1938年就建立民兵组织,在抗日战争和解放战争时期配合部队开展游击战、地雷战,立下战功。

新中国成立后,郭庄党支部重视民兵工作,发扬光荣传统,常让战争年代的老兵讲传统,进行传帮带。民兵组织健全,有转业、退伍军人做骨干,是一支有战斗力的队伍。军事训练抓得紧,参加县组织的射击比赛还取得了好成绩。民兵在生产中发挥作用,曾培养农业技术骨干,受到县领导表扬。民兵在抢险救灾中也发挥了作用。1963年8月,当地暴雨成灾,河水暴涨,威胁村庄安全,民兵营奋战六昼夜,排除险情,受到石家庄专署和军分区的表扬,荣立三等功。郭庄民兵营是个先进单位。

1964年2月,华北局和北京军区①授予郭庄民兵营"红旗民兵营"的光荣称号。

华北军区司令员杨勇授予郭庄"红旗民兵营"的称号

在十三陵水库工地劳动

1957年9月,中共中央、国务院发出《关于今冬明春大规模地开展兴修农田水利和积肥运动的决定》。全国范围内很快掀起了农田水利基本建设高潮。

1957年12月,北京市市政工程设计院提出修建十三陵水库设计方案。1958年1月成立十三陵水库修建总指挥部,1月21日开始动工。北京市委决定发动全市工、农、兵、

---

① 指原北京军区,全书下同。

学、商各方面力量参加义务劳动，修建十三陵水库。党中央、国务院、中央军委和各总部机关，驻京各级党政军机关、工厂、学校、街道，以及北京郊区各县都派人参加义务劳动。

参加修建水库的义务劳动大军从各个方向、不同单位纷纷赶来。仅昌平县民兵就有8000多人参加。他们自带行李、粮食和炊具，从四面八方来到工地参加劳动。为赶在汛期到来前完成筑坝任务，参加水库施工劳动的人数日渐增多，至5月，每天有十万人参加劳动。人民解放军是施工的重要力量。为适应工地建设需要，解放军一名少将担任总指挥，北京市农委书记担任政委。参加劳动的全体人员昼夜奋战，并积极改良工具，改善施工条件，改进操作方法，大搞技术革新，加快施工进度。

那时，党的八届五中全会在北京召开。5月25日下午，毛泽东、刘少奇、周恩来、朱德等党和国家领导人及全体中央委员来到十三陵水库工地参加劳动。前来水库工地参加劳动的还有董必武、彭德怀、贺龙、李先念、乌兰夫、薄一波、吴玉章、徐特立、谢觉哉等一些老同志。埃及驻华大使和一些国际友人也来参加劳动。

驻京部队积极参加水库建设，成立了军队支援十三陵水库建设委员会。总参动员部抽调30多名干部参加劳动，我是其中一员。我们与总参装备部的同志一起住在昌平县工程兵学校教室里，睡的是地铺。每天队长扛着红旗走在最前面，以整齐的步伐，喊着口号，前往工地。中午在工地吃饭，下午收工后回驻地吃晚饭。国务院机关参加劳动的队伍也住在昌平县城。

他们也是每天早晨列队前往工地，我们多次与他们在路上相遇。有一次，我们看见周恩来总理扛着红旗，走在队伍的最前面。看到这个场面，大家都很感动，劳动情绪更加高涨。北京市各个大学的学生也来参加劳动。

我们的任务是修筑水库大坝。为此专门修了一条有轨道的运土专线，一列列由汽车牵引的翻斗车载着泥土，从远处运过来。我们负责卸土筑坝。一开始，是用铁锹把翻斗车上的土卸下，这样进度太慢。为加快速度，运土车一到，先把翻斗车掀翻，卸了土再把翻斗车抬上铁轨，这样明显提高了效率。大家一面干，一面呼喊口号，劳动热情高涨。附近山坡上有时搞爆破取石头，我们在下面劳动，也不回避，照样运土，不怕受伤，整个工地呈现一片热火朝天的景象。

那时候，劳动强度很大，我们的饭量也明显增加。我原来午饭吃4个大包子就可以了，这时要吃六七个，有的同志要吃13个。我们白天劳动，晚上开班务会，开展批评与自我批评，劳动表现好的受表扬，表现差的受批评。每周或十天要开展一次评比"劳动先锋"活动，评上的发"劳动先锋"纪念卡片一张。

大家的劳动热情很高，争先进的意识很强。谁如果连续几周都评不上"劳动先锋"，就会感到脸上无光。大家都非常在乎这份荣誉。我在劳动期间是很卖力的，曾三次获得"劳动先锋"卡片。我们原安排劳动一个月，后来又延长了一个月。

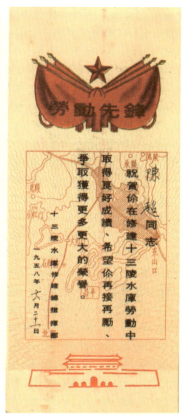

"劳动先锋"纪念卡片

十三陵水库于1958年6月30日竣工，仅6个月就完成了任务，确实是当时倡导的"多、快、好、省"的典型。为庆祝水库建成，首都各文艺团体、各大剧团、解放军各文艺团体、各机关单位、各大学的学生在水库工地连续三天举办文艺会演。一到晚上，整个工地灯火通明，非常热闹。很可惜，我们工作忙，没有机会参加，只能在报纸上看到报道的情况。

参加十三陵水库劳动的经历，令我难以忘怀。每当我到十三陵水库参观，走在水库大坝上，许多情景就会浮现在眼前。能参与修建十三陵水库，我内心总有一种自豪感。

十三陵水库

下连当兵

1958年9月，总政根据毛主席指示，做出了军队各级干部下连当兵一个月的规定。南京军区①司令员许世友、济南军区②司令员杨得志率先响应号召，下连当兵，与战士同吃、同住、同操练、同劳动、同娱乐。报刊上刊登了许世友司令员下连当兵穿着战士服装的照片。全军部队掀起了下连当兵的热潮。

1958年11月，总参动员部组织一批干部下连当兵。军事训练处处长张振华带领李春发和我，到国土防空军高炮五二四团下连当兵。该团驻在天津市西南郊，住的是临时搭建的木板房，配备八五高炮。张处长被分配在指挥排的指挥仪班，李春发在指挥排测高机班，我在高炮班当三炮手。我们一到该团报到，就赶上冬季实弹打靶训练。我们同连队战士一起参加训练，炮手将30多斤重的炮弹装进去又退出来，反复训练确实很辛苦。我管炮弹引信刻度，比较轻松。训练半个月后，全团全装乘火车开往渤海湾边上的滦县靶场。那时候运兵的都是闷罐车，车厢内没有大小

---

① 指原南京军区，全书下同。
② 指原济南军区，全书下同。

便的设施。大家都穿着棉袄挤在车厢里休息，部队到达靶场后在海滩上搭起帐篷宿营。11月下旬，天气寒冷，海风很大，海边的水已经结冰了，帐篷保暖条件不好，有的战士得了冻疮。

部队在靶场经过几天的紧张训练，就进行实弹射击。我是三炮手，负责设定炮弹引信。我们连的射击考核成绩不错，多次命中飞机牵引的拖把，取得了优秀成绩，受到了表扬。那时炮手都没有配备防震耳塞，八五高炮实弹射击时，响声巨大，震耳欲聋。实弹射击后，一个星期耳朵里都嗡嗡响。

部队在靶场就接到紧急命令，要立即开赴河北省黄骅县老黄河口打伏击。那时候，国民党台湾当局常派飞机到大陆侦察骚扰，白天来，夜间也来。上级命令我们团赶赴老黄河口，就是要伏击国民党入侵的飞机。我们到达预定伏击阵地后，一连七天不脱衣服、不脱鞋睡觉，以便一有情况就能迅速进入射击阵地。一天夜里，警报突然响了起来，我们迅速进入阵地，各就各位，进入战斗状态，只等射击命令一下就开炮。就是这样进入紧急战备状态好几次，可射击命令却一直未下。后来了解到，入侵的敌机在天津附近转圈，从唐山附近沿海飞走了，没有飞到我们伏击的黄骅县方向来，空等了一场。

我们下连当兵一个月。除了紧张的训练，我还给连队唱歌、讲故事，很受战士们欢迎。这个连队山东兵居多，性格直爽、朴实，与我们相处得很好。我长期在机关工作，已经多年没有过连队生活，这次了解到高射炮兵的生活、行军、打靶情况，尤其是进一步加深了对战士的情感，收获很多，感受很深。

三年困难时期

1959—1961年，是我国三年困难时期。粮食、棉布、肉食、牛奶副食品供应紧张，政府规定实行定量供应，凭国家发放的票证购买。为克服困难，北京市居民有条件的都自家养鸡解决食蛋问题。各机关单位也想办法自力更生、克服困难。

总参动员部在这方面也采取了许多措施克服困难。首先，在北京北郊办了一个小菜园，主要种植蔬菜和粮食，由部里管理科派人管理。部里年轻干部轮流到菜地劳动，星期六、星期日干部和家属都去。种植的蔬菜、粮食，主要供应食堂和幼儿园，也分给每个干部。我曾多次轮值到菜园劳动，大家也都愿意去菜园劳动，劳动时还可以摘些野菜，改善伙食。这个小菜地一直坚持办了好多年。

其次，到黑龙江穆棱县种植黄豆。部领导与黑龙江省联系，要了穆棱县十几亩地种黄豆。种黄豆时由农场机械播种，不需要派人去劳动。收获时是人工收割，部里派年轻干部去收割黄豆，我参加了，这是苦力活。早上起来要先磨镰刀，镰刀磨得不好，不锋利，收割就很困难，收割黄豆手上磨起泡很不好受。长时间弯腰收割，腰痛、腿痛，的确是苦差事。收获的黄豆不仅供应食堂、幼儿园，也分给各家，部里还送黄豆支援有关单位。劳动很辛苦，但能解决一些困难，大家积极性都很高。

年逾 30 岁结婚成家

1960 年，我已满 30 岁。30 岁还未结婚，在当时来说，是比较晚的了。晚婚的原因是多方面的。一是我来北京 5 年多，经常因公出差在外，与社会接触少，与年轻姑娘接触的机会更少。二是北京人嫌广东人说不好普通话，不愿意找广东人。三是担心与广东人结婚后，以后要离开北京去广东，生活不习惯。我当时工作忙，对婚姻之事考虑的并不多。动员部的领导和同事对我的事很关心，有对处长夫妇把李嘉平介绍给了我。

李嘉平是陕西省延川县人。她的父亲李丹生是清朝拔贡，为人清正，不愿做官，一直当教师。陕甘宁边区参议会成立时，他被选为边区参议会的常驻参议员，全家常住在延安。李嘉平还有个同父异母的哥哥李嘉谟，是延川县党的创始人之一，1928年在西安被国民党杀害。西安有李嘉谟烈士墓。

李嘉平在延安边区政府机关长大，在被称为"马背上的摇篮"的延安保育院上学，与李铁映、项阿毛、闫笑武等是同班同学。1947年，国民党胡宗南军队进攻延安，李嘉平随党中央机关撤退。在渡过黄河之后，保育院的同学凡在部队和政府有亲人的都被接走了。那时李嘉平的父亲早已去世，母亲已疏散回农村，没有人接她走。后来，谢觉哉、王定国夫妇把她从保育院接走，去了北京，她就住在谢老家里。她在北京上小学、中学，后来到太原山西师范学院上学，毕业后曾在山西当老师，后来调回北京第二十七中学当老师。

作者（右一）与李嘉平

经过一段时间的相处和了解，我们于1960年7月结婚。当时，正处在国家经济困难时期，很多东西都要凭票购买。领结婚证时,我按规定领了布票和糖果票,凭票证购买了被子、床单和十几斤水果糖。我们没有举行隆重的结婚仪式,只是在动员部的食堂举行了非常简单的仪式。没有婚车,那时候想坐婚车也不可能,连出租车都没有。李嘉平是在同事们的陪伴下,乘公共汽车来的。没有婚纱,她就穿了一件平时认为最好看的布拉吉连衣裙。我穿的是一套中山装。没有举办婚宴。因为我们两人没有亲人在北京,也没有条件办婚宴,只在婚礼现场散发了十斤水果糖。

作者(左一)全家合影

婚礼的过程也很简单,处领导讲话,我们两个也分别讲了话。同志们要我们介绍恋爱经过,开开玩笑,热闹一番，就结束了。我结婚后的第三天就有任务，参加工作组到外地出差去了。

1961年，我们有了第一个女儿陈梦。1963年有了第二个女儿陈劲。两个女儿活泼可爱。她们都已长大成人，结婚成家了。我又有了两个外孙女。

陈 梦

陈 劲

大 毛

二 毛

组织民兵配合部队守卫海防

中华人民共和国成立后,逃往台湾的蒋介石集团在美帝国主义的支持下,不断地对我国沿海地区进行骚扰、窜犯,妄图反攻大陆。我东南沿海地区的民兵,与驻军实行军民联防。为了做好这方面的工作,总参动员部在民兵组织处内设立专管这项工作的小组,我是这个小组的成员,负责了解这方面的情况。

1. 在东南沿海组织民兵配合部队加强战备

20世纪60年代初,我国遭遇严重困难。台湾国民党当局认为这是反攻大陆的好时机。他们还成立了所谓的反攻行动委员会,伺机策划反攻大陆。

为了粉碎国民党反攻大陆的企图,1962年6月,中共中央、中央军委发出准备粉碎国民党军队进攻东南沿海的指示,做出了歼灭国民党登陆部队的部署,调集多路大军浩浩荡荡开赴东南沿海前线。与此同时,总参谋部、总政治部也发出了加强民兵战备工作的指示,要求东南沿海地区的民兵积极配合部队作战。总参动员部立即抽调干部组成多个工作组,跟随部队进入预定作战地区。傅秋涛部长、黄林副部长、李占奎副处长分别带领工作组,跟随部队进入福建、浙江、广东等地检查民兵战备工作。

我随黄林副部长先到四十一军,然后进入广东汕头和福建龙岩地区检查当地的民兵战备工作。我们先到南澳岛。南澳岛是广东省东部的重要岛屿,是当年郑成功收复台湾的重要出发基地。收复台湾时牺牲的一些将士,都安葬在这个岛上。那时候,虽然国家处于经济困难时期,但南澳岛的人民备战情绪很高。南澳县政府机关和武装部都认真抓战备工作,成立了由退伍军人组成的临时脱产武装基干排,配备机关枪、步枪,可以随时配合部队出动作战。他们还组织了十几个民兵参战小分队,在沿海地域设置民兵固定哨、巡逻哨,密切监视海面情况;还组织了担架队、运输队、道路抢修队等战时支前组织。南澳岛的民兵纷纷表示,坚决配合解放军守卫海岛,狠狠打击敌人。看到这里的民兵组织健全、训练有素、士气高涨,我想到毛主席在抗日战争中说的一句名言:兵民是胜利之本。有强大的解放军,有这么好的民兵,我们一定能够战胜任何来犯之敌。想到这些,我也为自己能够长期从事民兵工作而感到自豪。

我们离开南澳岛后,到了福建龙岩地区,重点是检查东山岛的民兵战备工作。东山岛是福建省的第二大岛。1953年,国民党军队四个团、两个海上突击团、一个海军陆战队共1.2万人,进犯东山岛。当时我驻岛部队只有两个营的兵力,顽强战斗,英勇抵抗。国民党军队登陆该岛后，肆意烧杀抢掠，溃退时还抓走岛上不少青壮年。受过国民党军队蹂躏的东山岛同胞，一听说国民党军队要反攻大陆，人人同仇敌忾，个个义愤填膺，大家纷纷表示一定要做好准备，痛击来犯之敌。

东山岛与大陆连接的渡口称八尺门渡口。1953年，国民党军队进犯东山岛时曾用空降兵空降到八尺门渡口，企图控制渡口阻断我军增援。但是，他们的阴谋并没有得逞。他们的空降兵一降落，就被我八尺门渡口后林村的民兵击退。民兵还守住了渡口，为我军增援部队上岛，击退敌人创造了条件。我们在八尺门渡口与后林村民兵开座谈会，他们表示：一定要发扬当年英勇作战精神，积极配合部队作战。

1962年6月23日，中央人民广播电台播发了新华社揭露台湾国民党当局妄图反攻大陆的军事冒险计划。6月24日，《人民日报》又刊发了新闻稿，号召全国军民提高警惕，准备粉碎国民党军队的军事冒险。蒋介石集团见我军早有准备，不敢轻举妄动，其蓄谋已久的所谓国光计划也就成了泡影。

2. 组织民兵配合部队歼灭小股武装特务

台湾国民党当局反攻大陆的计划破灭后，仍然贼心不死，又决定派遣小股武装潜入大陆，妄图在东南沿海地区建立游击根据地。他们组织了一批由特务、军官、土匪头子等反革命分子组成的所谓反共救国军,在美国特工人员的帮助下,进行特种训练,用偷渡、空降等形式,不断派遣小股特务进行渗透活动。台湾国民党当局当时想得很天真,以为大陆处于经济困难时期,人民群众吃不饱饭,只要他们派遣的所谓救国军一到,就会受到大陆群众欢迎,就可以迅速发展壮大队伍,建立起游击区,将来好配合国民党军队反攻大陆。这真是白日做梦,痴心妄想。台湾当局派遣的特务小分队,人数不等,少的七八个人一队,多的三四十人一队,都被封为所谓"反共救国军第某某纵队",其头目被封为所谓纵队司令、副司令等职务。其装备以轻武器为主,配有电台、手摇发电机等装备。他们潜入的方式是从台湾出发,乘大型舰船到我近海,再换乘橡皮艇登陆,也有以空降形式登陆的。他们潜入的地点很广,北到山东海阳县、江苏沭阳,南至浙江、福建、广东沿海地区以及海南岛,西到广西、云南,甚至到青海的海西地区。但重点还是在广东、福建、浙江沿海地区。对于国民党派遣小股敌人的袭扰行为,我们是早有防备的。毛主席指示:敌人不管是天上掉下来的,地下冒出来的,海上爬上来的,如何对付都要有一些办法。各地在整顿民兵组织、进行政治教育和军事训练时,认真贯彻毛主席的指示,积极做好消灭小股武装特务的准备工作。正是我们的备战工作做得好,从1962年10月1日至12月6日的短短两个月内，就全部歼灭从广东沿海偷渡登陆的十股武装特务。这段经历给我留下了深刻印象。我把歼灭这十股武装特务的过程记录了下来：

10月1日，号称"反共救国军第二纵队"的14名武装特务，在广东海丰县登陆。这些特务很狡猾，都化装成解放军，企图蒙混过关。可老百姓一看，就知道他们是冒牌的。我们解放军的战士都比较年轻，军容风纪严整；而这些国民党特务一个个老气横秋，服装不整，胡子拉碴，一看就知道是假货。有几个特务混进海丰县城饭馆吃饭，可他们没粮票，付款时就被发现，被海丰县民兵捕获。这股武装特务被全歼，缴获手枪12支、卡宾枪8支、冲锋枪2支、电台1部。

10月7日，号称"反共救国军第三纵队"的12名武装特务，在广东惠阳县无人居住的小星山岛登陆，被渔民发现。渔场工委武装部部长张苞立即带领民兵上岛搜捕，与武装特务发生激烈战斗，俘敌7名，毙敌1名，其余特务蹿入坑道负隅顽抗。8日，驻军赶到，民兵班长带领民兵配合部队作战，将余下的4名特务抓获。战斗中武装部长张苞、民兵副连长徐景松和民兵马德强壮烈牺牲。

10月8日，号称"反共救国军独立第一纵队"的14名特务在惠东县神泉港登陆。神泉公社领导发现敌情后，迅速组织民兵搜捕。武装特务中有2人自杀，3人被击毙。另外9名特务逃到白花尖山区，民兵配合部队一起搜捕，一名特务被击毙，其余8名特务束手就擒。缴获手枪、卡宾枪19支、电台1部。我牺牲民兵2人，伤3人。

10月28日拂晓，号称"反共救国军独立第五、第六纵队"的武装特务共22人，在广东电白县霞村海滩登陆。他们刚上岸，就被渔民和民兵发现。爵山公社武装部立即组织民兵，将海滩附近的交通要道和海面封锁起来。附近村庄的男女老少也闻讯赶来，一个个拿木棍、菜刀、鱼叉等当武器，四处搜捕敌人，当即抓到10名特务。其余特务藏在绿豆岭的沟壑里，被附近的群众包围。为防止特务利用夜色逃跑，参加搜捕的群众点起5盏大气灯，挂在绿豆岭附近，把那里照得灯火通明。这12名特务见走投无路，只好缴械投降。

11月2日，号称"反共救国军先锋队"的33名特务，在广东台山县赤溪蛇鼻湾登陆，民兵配合部队击沉敌机帆船一艘，歼敌33人。

11月29日，号称"反共救国军先锋队第七纵队"

的武装特务35人，在台山县荷包岛被民兵全部歼灭，还击沉敌机帆船一艘。

12月4日，号称"海军辅助中心"的特务3人，由台湾乘飞机空降于广东阳江县石磊山，被我民兵俘获。

12月6日夜间，号称"反共救国军独立第二十三纵队"的武装特务39人，在广东惠来县赤澳海边登陆。这些武装特务伪装成人民解放军，被赤澳民兵哨所的老民兵陈炳发现、识破。当时哨所里虽然有14人，但只有两支步枪，不能硬拼。当时在哨所的民兵营长方锦章与大家一起商量，决定将计就计，一面派民兵火速回大队部报告，一面假装欢迎"解放军"，"请"他们进村喝水、吃饭、休息，民兵们还主动为他们扛枪、背东西，并有意识地将这些特务逐个分开。这些国民党特务还真以为受到欢迎，可一到村口就被埋伏在那里的民兵包围了。民兵们高喊"缴枪不杀"，就这样，不费一枪一弹，这些特务就乖乖地当了俘虏。

12月6日，号称"反共救国军第二十三纵队"的33名武装特务，在广东惠来县前詹登陆，民兵配合部队全歼这股敌人。还有一股武装特务在澄海县登陆。登陆后的特务抓了一个小伙子。特务把他捆绑到甘蔗地里，要他交代村里的情况。小伙子非常机警，一方面跟他们周旋，一方面趁机逃脱，跑回村报告。这股特务很快就被歼灭了。

1963年6月，广州军区①专门召开歼灭小股武装特务现场会。会议以现场介绍情况的形式，从广州到惠阳、海丰、惠来、汕头等地，在小股武装特务登陆的地点，现场介绍歼灭小股武装特务的经验。我全程参加了这次会议。

参加地方中心工作

中国民兵是不脱离生产的群众武装组织，这是它的特点。因此，和平时期的民兵建设必须在服从和服务于国家经济建设，服从于国家中心工作的前提下进行。动员部的领导王平、傅秋涛、曹宇光都非常重视这一问题。要求各级动员部门服从地方党委领导尊重地方党委，在地方党委领导下开展民兵工作。总参动员部也十分注意组织干部参加地方中心工作结合做民兵工作。

1. 到海南岛文昌县清栏公社参加整风整社运动

1958年，全国掀起大办人民公社，大办民兵师的高潮。由于大办人民公社和大办民兵师是运动式的兴起，事前准

---

① 指原广州军区，全书下同。

备工作不够充分，思想工作不够深入细致，所以一些地方和单位出现了一些问题。有的地方把生产组织和民兵组织混在一起，追求"组织军事化、行动战斗化、生活集体化"。有的单位出现了弄虚作假、搞形式主义、强迫命令和瞎指挥等不正之风。针对这些问题，1960年，中央决定对人民公社进行整顿。总参动员部派出十多个工作组到江苏、浙江、湖南、广西、山东、四川等地参加整风整社运动，同时结合整顿民兵组织。张频藩处长带领李佑源、许凤林和我，到海南岛文昌县参加整风整社运动。

文昌县是海南有名的侨乡，又是有名的排球之乡，经济条件比较好，群众文化水平也比较高。海南岛多数地区是山区，而文昌县地处平原，又靠大海，地理条件非常优越，人口也最多。到了文昌县后，县委书记李炳发热情接待了我们。李书记是广东省遂溪县人，参加过抗日战争、解放战争，在滇桂黔纵队工作过，新中国成立后才返回广东，在海南工作。他给我们详细介绍了文昌县整风整社的情况，并安排我们去清澜公社。

到达清澜公社后，张处长在公社所在地清澜镇整风整社办公室，李佑源、许凤林分在一个大队，我在清澜大队。清澜镇是个渔港，也是交通港口，有海军快艇支队驻防。这里是文昌县条件比较好的公社，地方工作、民兵工作都是先进单位。按规定，整风整社工作队要和群众生活在一起。我住在民兵营长黄循平家里，有时也住在大队办公室，在大队食堂吃饭。吃的是红薯粥，饭菜的质量很差，还经常吃不饱。我和民兵营长黄循平有空便到海边滩涂上抓螃蟹、摸鱼虾，用来改善一下生活，增加点营养。李佑源和许凤林所在的大队生活更困难，他们饿得有些受不了，不到一个月的时间，由于营养不良，腿就浮肿了。

清澜公社民兵工作搞得比较好，是海南省军区树立的先进典型。1961年1月，总参做出建立民兵联系点的规定，要求各军区、省军区与若干公社、厂矿、学校建立联系制度，加强调查研究，以点带面指导工作。总参动员部在全国建立十个联系点，文昌县清澜公社是其中之一，我被指定为这个点的联络员。清澜公社的民兵工作一直不错，是海南的先进典型。我蹲点的那个大队的民兵营长黄循平由于工作表现好，后来被提拔为清澜公社武装部部长。

1961年，我又去清澜公社了解情况。部里还打算让我去西沙永兴岛走一趟。我军收复永兴岛之后，曾由海南省军区组织民兵驻守，配备了步枪机枪，还配发了三七高炮。当我换好便服，准备去清澜港乘船去西沙时，接到王明德处长的电话："近期国民党军舰常在西沙海面上抓我们的人，上级有规定，团以上干部不能单独去西沙，你就不要去西沙了，赶快回北京。"后来西沙群岛的永兴岛又交给部队守卫，民兵的武器都移交给部队。

2. 到河南信阳参加整风工作队

1958年，大办人民公社运动在全国各地轰轰烈烈地展开后，有些地方出现了高指标、高标准、浮夸风、强迫命令、脱离实际的做法。一些地区的农村出现了饥荒甚至饿死人的情况。其中，河南信阳是比较严重的地区。

1959年，河南遭受比较严重的水旱灾害，信阳地区粮食大幅减产。而信阳地委却弄虚作假，冒充高产，上报省里。中共河南省委按照信阳地委虚报的粮食产量分配给信阳九亿斤粮食征购任务。这已经是高指标了，而下面各级又层层加码，当年的粮食征购任务高达十亿斤。信阳地委不仅认识不到问题的严重性，反而认为农民将粮食私藏起来了，决定由地委主要领导分片包干，在全区开展"反瞒产"运动。这样一来，就把当时信阳地区农民的口粮、种子粮、饲料粮都征购了。这样做的后果很严重，许多公共食堂因没有粮食开不了火，浮肿患者日益增多，群众以红薯叶和野菜充饥，还饿死了人。

信阳事件发生后，党中央派出工作组严肃查处。1961年初，根据上级批示精神，信阳地区开展"民主革命"补课运动，采取整风、集训、特训的方法，对生产队以上干部进行整顿清理。河南省也派出工作队到信阳各县开展整风运动。各县集中大队以上干部到县办学习班，进行检讨、整顿。傅秋涛部长知道信阳发生的这些情况后，觉得那里发生强迫命令、打压群众之类的事，很可能涉及当地的民兵组织，于是决定派曹宇光副部长带领6人工作组前往了解情况。曹宇光副部长和郭辉参谋到情况严重的光山县，张频藩处长和我到罗山县，许旭处长和刘沛参谋到固始县。

到罗山县后，张处长留在县城了解全县的情况，我到花园公社参加工作队。信阳地区是我国既能种水稻又能种小麦的地方，按理说，这里的粮食产量不会太差。但由于超额征购粮食，连公社食堂也没有米饭、馒头吃，主食是红薯、胡萝卜和青菜。工作队的同志吃不饱，只好晚上烤火时烤点米糠饼充饥。

我当时的心情是很沉重的。看到那么多群众忍饥挨饿，甚至有的人饿死了，我的心里很难受。想到战争年代，人民群众为了支援我们打胜仗，他们宁可自己忍饥挨饿，也要克服一切困难保障我们的供应。党执政以后，本应坚持党的宗旨，全心全意为人民服务，让人民群众过上好日子。而当地的党委和政府却违背了党的宗旨，这个教训是令人痛心的。另外，我也深深感到信阳的人民群众实在是太好了。他们饿死也不抢公家的粮食。据说，当时信阳地区的专员张树藩到西平县"反瞒产"。到公社调查后，他发现老百姓已经断炊，遂决定开仓放粮，救济群众，可他却被当时的地委停职检查。使我纳闷的是，那时信阳地区不是完全没粮食，有的粮库还是有不少粮食的。是有些干部忘记党的宗旨，官僚主义严重，不实事求是，不作为、胡作为造成的。

我们回到北京后，动员部又派工作组到山东、安徽等地了解情况。我和钱仁凤、姚文玉参谋去山东和安徽。山东的情况比河南要好，但还是很困难，有些地方的群众把晒干的红薯藤当粮食吃。我们从山东临沂到安徽合肥、蚌埠，那里的情况也不好，有的地方情况也很严重。

3. 到海南东兴农场搞"四清"

1963—1966年，党中央决定在全国城乡开展社会主义教育运动，简称"四清"运动。在农村是清账目、清仓库、清工分、清财务，在城市是清思想、清政治、清组织、清经济。这一运动，在农村和城市广泛开展。

1965年4月21日，毛主席指示：搞"四清"要把民兵搞好。首先要落实组织，有没有队长、班长？组织起来了没有？首先是有没有，然后是讲政治。根据毛主席的指示，军委主管民兵工作的罗荣桓元帅指示：要结合地方工作做好民兵工作。总参谋部也发出通知，各军区要组织人员参加地方"四清"运动。

1966年，动员部派出多个小组，到辽宁、四川、河南、广西和海南岛等地区参加"四清"运动。到海南岛的工作组组长是田兆丰副处长，成员有我和谢志达参谋。我们被安排在海南岛东兴农场参加"四清"运动。

东兴农场位于万宁县，地处六连岭西南山麓，始建于1952年，是全国橡胶产量最大的农场，产量占全国总产量的1/10。那时，海南农垦系统有100个农场（一说99个），其中东兴农场规模最大，有一万多名职工，是人数最多的农场。该农场职工多数是退伍军人，还有当地农民和归国华侨。东兴农场"四清"工作团的团长是何康，他当时是华南热带作物科学研究院院长〔后来任农业部（现农业农村部）部长〕，还有三四个副团长，田兆丰副处长也是副团长之一。"四清"工作队的成员由三部分组成：一是热带作物研究院的人员，有教授、研究员，都是知识分子；二是军队派出的干部，包括驻军派出的干部和我们总参谋部派出的人员；三是海南农垦局下属各个农场抽调来的干部。

东兴农场设十几个作业区，每个作业区下辖多个生产队。总参动员部派出的工作组负责架岭作业区，该作业区以种植橡胶为主。一棵橡胶树要长六七年才可以割橡胶。割橡胶要用特制的割橡胶刀具。割胶工人很辛苦，每天早晨四五点钟就起来割橡胶（太阳出来后，橡胶液就会减少），八九点才收工。一个工人要弯腰割100多棵树的胶，还要收胶，把胶水交给收胶站，劳动强度很大，很辛苦。

"四清"运动主要是宣讲上级的指示精神，农场干部要根据上级精神向群众汇报思想情况，检查有没有违反纪律的行为，也就是整风运动。作业区领导干部、生产队都要做检讨，检查自己做得怎么样。

东兴农场初建时，非常艰苦，场地原是一片荒山野岭。种橡胶树的土地要自己砍树开荒，住房要自己砍树建造。农场的成员大部分是退伍军人，作业区和生产队的干部大部分都是部队转业的排长、班长，思想都比较单纯，组织纪律性强，在艰苦条件下表现好。但当时条件很差，连生活用具、炊具、饭碗、脸盆都买不到，有的人受不了苦逃回家了。大多数人讲普通话，少部分讲海南话。我普通话、广东话和海南话都可以讲，工作方便。我在架岭工作队当指导员，队长是华南热带作物科学研究院的刘教授，我们合作得很好。架岭作业区工作队有19人，华南热带作物科学研究院来的近十人都是知识分子，还有其他农场调过来的干部。工作队要和工人同吃、同住、同劳动。会议特别多，几乎每天晚上都开会。我们工作队除了搞"四清"工作，还办夜校，组织工人学文化、唱歌、讲故事，很受欢迎。

农场的居住条件很差，只有作业区办公室是瓦房。工人的宿舍很简陋，是用砍伐的小树编制而成。一排房子住十几户，一门一户，通风好，隔音不好。住房子东面的人说话，住房子西面的人都能听到。我和一个单身工人住一起。此人是退伍军人，思想有点偏激，脾气有点古怪，不安心工作。我常与他谈心，做思想工作，他对我很尊重，也听得进我讲的道理。

架岭原是原始森林，有很多高大的树木，如大榕树、橄榄树、木棉树。树林里有许多野生动物，如黄猄、穿山甲、蟒蛇、乌龟等。工人割胶时常见大蟒蛇，有的女工怕蟒蛇，不敢去割胶。工人们商量要抓住这条蟒蛇，他们组成五人小组，明确分工。发现蟒蛇后，第一人在前面逗蟒蛇，等蟒蛇昂起头来时，第二人迅速向前掐住蟒蛇的脖子，这是最关键的一步。因为蟒蛇被掐住脖子后，会迅速蜷身缠人，所以这个人胆子要大，力气要大，还要经得起考验。第三个人拿着粗长的竹竿，在蟒蛇要卷人时，迅速把竹竿穿过去，让蟒蛇卷缠在竹竿上。第四人与第二人合作，把蛇头捆在竹竿上，蟒蛇就自然卷缠在竹竿上了。五个人配合行动，用这种办法捉住了这条大蟒蛇。

如何处理这条蟒蛇呢？有的说，吃蟒蛇肉可以治病，把蟒蛇杀了吃掉；有的说，把蟒蛇卖了，能卖好几百块钱。议论一番之后的决定是，把蟒蛇卖了，所得的钱作为夜校的经费，给每人买了一个学习本。架岭一带原是苗族人居住的地方，现在仍有苗族人居住。旧社会苗族人受歧视，曾被国民党军队围剿。苗族人的反抗精神很强，曾积极反抗国民党军队的围攻。当地有一种树叫"见血封喉"，这种树的液体毒性很大，用这种液体浸泡过的箭射到人的身上，此人必死无疑。据说，国民党军队围攻苗族人时，当地苗族人就用这种办法射死了国民党军队的一个师长。

农场的居住条件比较差,厕所是公用的,修建在离宿舍很远的地方。晚上上厕所是件很麻烦的事情,这里树林老鼠很多,厕所里也有很多老鼠。有一天,我上厕所发现老鼠没了,觉得奇怪。第二天晚上,我刚走到厕所门口,就听到里面有人细声说:"不要进来,不要进来,有蛇!"我用手电一照,有一条大蛇正在和他对峙呢!在我手电照射的时候,他顺手拿起厕所里的扫帚把蛇打死了。

海南岛气候炎热,是蛇生活的好地方,我们常常会遇到蛇。有一次,我和工人在地里劳动,有一工人踩地时,地突然塌了下去,他踩到了蛇窝,一条大蛇正在窝里孵蛋。大家拿起棍子把蛇打死了。还有一次,相邻的作业区发现一条眼镜蛇盘在椰子树上,它几天都不下来。为防蛇伤人,最后用小口径步枪把蛇打下来了。

万宁县兴隆华侨农场离东兴农场20多里路,有温泉可以洗澡。我有时就骑着自行车去兴隆农场的温泉洗澡。那时的温泉只有一间简陋的棚子,人人都可以去洗澡,不收费。现在兴隆农场已经建成高级温泉酒店和高级温泉浴池,富丽堂皇,今非昔比了。

1966年6月中旬,田兆丰副处长接到动员部通知,要求工作组6月下旬返回北京。在返回北京前,我又到兴隆农场洗澡,见到四位老将军。其中,有庄田中将,是海南岛人，原是粤桂边区人民解放军司令员，后来任滇桂黔纵队司令员；有江西省军区司令员邓克明，我去江西时见过他。还有两位我不认识。他们问我是从哪里来的，我说是从北京总参动员部来万宁东兴农场搞"四清"的。他们很关切地问我："北京出什么事了，你知道吗？"我当时一头雾水，说："首长们都不知道，我哪能知道啊！"他们也不再问下去。他们这么一问，倒让我觉得有问题，回到北京才知道，"文化大革命"（以下简称"文革"）开始了。

"文革"期间的一段经历

1966年5月16日，《中国共产党中央委员会通知》（以下简称《五一六通知》）发表，这个通知的发表，揭开了"文革"的序幕。1966年6月下旬，我们在海南岛东兴农场接到通知，要求立即回北京。回北京后按组织安排学习《五一六通知》，批判彭、罗、陆、杨。此时，社会上大批吴晗、邓拓、廖沫沙反动学术权威，说他们是"三家村"的黑掌柜，是反党反社会主义的头目。

随着"文革"的深入发展，红卫兵破"四旧"、大串联，批判"文化战线十七年错误路线"，揪艺术界名人，抄家、破坏历史文物。工厂工人闹革命，停止生产，工业减产，令人担忧。可组织上传来的声音和报刊报道都说形势大好,不是小好。"有一点小乱","是乱了敌人,锻炼群众"。几位老帅、老领导发表了不同意见,被称为"二月逆流"遭批判。受人尊敬的朱总司令被说是军阀,贺龙一把菜刀闹革命被说是土匪。后来,进入夺权斗争,现有政权是党领导的,夺谁的权啊?为什么?许多事情难以理解。

在"文革"开始时,总参动员部给傅秋涛部长写了不少大字报,主要是批评他的主观主义,性情暴躁,以及工作作风方面的问题。我也写了他的大字报。后来有人说他是彭德怀分子、反革命分子。一个贫农出身,积极参加革命,在革命最困难的时候任党的湘鄂赣书记,坚持游击战争,怎么一下子就成了反革命分子呢?不好理解。在当时的情况下,是非难分,真假难辨。但是,我对一些人和一些事情还是有基本看法的。心里有看法,但是不敢讲,怕多说话。说错话是要受批判的,还会引来一些不必要的麻烦。所以,我只好小心谨慎,尽量少说话,有时甚至不说话。

1. 三次参与接待红卫兵

1966年8月18日,毛主席身穿军装,佩戴红卫兵袖章,在天安门广场接见红卫兵和革命群众。

9月5日,党中央、国务院发出通知,组织外地学生来北京参加"文革",由国家提供交通费和生活补贴。自此,兴起了全国大串联活动。各地红卫兵、革命群众涌到北京来。毛主席在天安门先后8次接见红卫兵1100多万人次。红卫兵进京住宿、吃饭，到天安门见毛主席，都要组织安排。驻京的部队、机关担负了接待红卫兵的任务。我在总参动员部曾三次参与接待红卫兵的任务。

第一次，1966年8月，接待来自上海、江苏的红卫兵约500人，他们住在宣武区（现西城区）两个学校里。他们都是高中、初中学生，不少人穿着军装，扎着武装带，带着红卫兵的袖标，佩戴毛主席像章，每人都有毛主席语录，非常神气。总参动员部派出的工作组负责接待红卫兵，年轻点的干部几乎都参加了接待红卫兵的工作。我们对来京的红卫兵按照部队编制编成班、排、连进行管理。部队干部任连长、排长，班长由红卫兵选举产生。每天早上出操，上午上课学习，严格要求，等待毛主席在天安门接见。毛主席在天安门接见时，在天安门城楼上从东边走到西边，频频向红卫兵招手致意，红卫兵们则手持语录涌向天安门城楼高呼："毛主席万岁！毛主席万岁！毛主席万万岁！"

第二次，9月15日，在北京展览馆，由总参管理局和动员部的干部负责接待。这次人数比较多，展览馆大厅就住了3000人，也是按班、排、连、营的编队管理。动员部负责一个营的红卫兵，当天早饭后，就集合红卫兵队伍向天安门进发，步行到天安门广场。由于接见的人数太多，约十万人，所以我们带领的红卫兵队伍被安排在人民大会堂大门口附近，离天安门城楼较远，看不清城楼上的情景。当毛主席向大家招手时，红卫兵都想见毛主席，都往天安门涌去。由于人数太多，发生了拥挤踩踏。我们队里有一个女学生被挤倒了，夹在人群中间，情况很危急，我们几个干部硬是挤进去，打开一条路，把她救了出来，幸好只受了点轻伤。

接见结束后，离开广场时，由于人数太多，从天安门到西单，我们一路上被人流推着走。我自认是身体比较好的，也被挤得脚不着地，喘不过气。但我们还是尽力维持着红卫兵队伍的秩序，没有发生事故。

我们离开长安街，经西单大街，到西四附近的一所中学稍事休息，清点人数，整顿队伍，返回北京展览馆，安全完成了任务。在送红卫兵上火车离开北京时，他们都依依不舍，有的还激动得掉下了眼泪。

第三次，接待红卫兵的地点在新街口外北京电影学院。这次接待的人数不多，主要是文艺团体的成员，年龄稍大一些，住宿条件好，也便于管理，比较好地完成了任务。

2. 在接待转业退伍军人办公室工作

毛主席在天安门广场接见红卫兵和革命群众之后，不少省、市的转业退伍军人也成立了造反组织，到北京来串联。有的人要求解决转业、复原、退伍军人待遇问题，还冲击了内务部。毛主席指示，"转员、复员、退伍军人不能成立造反组织，要设法制止"，徐向前在成立接待转业退伍军人办公室时说："毛主席让我管这个事，我是军委民兵工作领导小组组长，我认识动员部曹宇光副部长，就让他负责这件事了。"曹宇光副部长建议，请总政群工部派人参加。军委接待转业退伍军人办公室正式成立，曹宇光副部长任办公室主任，工作人员有总政群工部的张纪生处长，总参动员部的陆梦琪参谋和我，与军委"文革"接待站一起在三座门开始工作。凡是转业退伍军人串连来访的，都由我们办公室接待。

中央有明确的指示，转业退伍军人不能成立造反组织，这项工作进展比较顺利。也有上访的转业退伍军人提出，转业退伍军人为什么不能成立造反组织？说明情况之后，绝大多数人听毛主席的话，表示拥护中央决定，返回原单位。来北京串连上访的转业退伍军人大都被劝说回原单位了，但仍有一部分没有走。

1966年12月21日夜，周总理在中南海小礼堂接见了滞留在京的转业退伍军人。转业退伍军人非常尊重周总理，在周总理进入会场时，全体起立鼓掌。周总理说："转业退伍军人不能成立造反组织，是党中央、毛主席的指示，我们要听党的话，要听毛主席的话。"周总理在会上是站着讲话的，下面就有人喊："请总理坐下讲，请总理坐下讲！"会场秩序很好，周总理坚持站着讲完后就散会了。那时，已是凌晨1点多钟了。散会时，与会人员都非常高兴，很有秩序地离开了。

第二天上午，广播电台又报道，周总理又接见外宾了。在"文革"期间周总理真的太辛苦了，太劳累了。

3. 在军委"文革"联络站工作

"文革"期间，军委成立"文革"领导小组，由刘志坚、肖华负责。1967年1月，刘志坚、肖华相继被打倒了。毛主席指定徐向前元帅为军委"文革"领导小组组长。徐帅任军委"文革"领导小组组长后，召集军委"文革"接待站和转业退伍军人接待办公室的人开会，成立新的军委"文革"办公室。原军委"文革"接待站改称"文革"联络站，联络站主任是曹宇光副部长，副主任是总政联络部副部长沈辰、青年部副部长李灿。原军委"文革"接待站和接待转业退伍军人办公室的人都留下在军委"文革"联络站工作。我留下来，任接待一组组长，并兼曹宇光主任的秘书。

军委联络站的工作非常繁忙，而且遇到的困难不少。接谈员正面宣传党的方针政策，做解释劝说工作。但稍不注意，造反派就认为你的观点不正确，是"走资派"的观点，就会为难你，甚至强行把你抓走。接谈过程中，接触形形色色的人，要谈的内容也各式各样。当时群众已经形成派别，谁都说自己是造反派，对方是保守派、保皇派，各说各有理。

接谈时不管你说什么，上访的人听到合他口味的话没有意见，听到不同观点、不合他口味的话，他不但不听，还要骂你一顿，甚至把你抓走。我接待来自天津的一造反组织时，他反映天津军管的领导王政柱不支持左派，镇压群众。我说："他是组织派过去工作的，有事要和他好好沟通，商量着办，你们是不是也有不对的地方啊？"听到这话，他们大声叫喊："没想到这里还有王政柱的爪牙！"有几个人过来就要把我抓走。几个接谈员过来拦住他们说："你们在这里抓人是不行的！"他们只好骂骂咧咧地走了。

对于在联络站工作可能遇到的困难，我是有思想准备的。上班时，我挎包里装着5斤粮票和5块钱，要是被抓走，我有钱、有粮票，不至于挨饿。那时就是在这样的情况下工作的。

有一次，海军一造反派20多人要找联络站领导谈问题。联络站领导沈辰、李灿两位副主任接见了他们，并听了他们的意见，答应将他们反映的问题向上报告。可他们认为没有按他们的要求解决问题，态度蛮横，很不讲理，把沈辰、李灿控制在一间房子里，扬言不解决问题就不放人，中午也不让吃饭。联络站两次派人去劝说，都被挡了回来。最后曹宇光主任派我去当人质，换两位副主任回来吃饭。他们还是不同意，把我推搡着批判了20多分钟。我对他们说:"你们的问题不是联络站可以解决的,联络站领导已经答应向上反映了,应该说可以了。你就是再推揉我一个小时,也不能解决问题,你们这种做法是不对的。再说革命也要吃饭啊,不让吃饭是不对的。"最后,他们同意把我留下,让联络站两位副主任回去吃饭。又过了个把小时,他们也累了,觉得这样闹下去不能解决问题,就把我放了,他们也都走了。

4. 参观水稻高产田

我在军委"文革"联络站工作时间比较长了,动员部有些工作需要我回去做。曹副部长同意我离开联络站回部里工作。

1967年夏天,总参组织干部去天津杨村参观水稻高产田,"亩产4万斤"。参观前几天,柬埔寨西哈努克亲王曾去参观过。我是农村长大的,我们家乡水稻亩产400斤就是高产了。20世纪50年代,广东揭阳县亩产1000斤,《南方日报》宣传过。那还是双季稻的产量。这里是北方,又是单季稻,亩产能到4万斤?我不相信,觉得这是根本不可能的。参观时,我看到怕稻子倒伏,用电线将水稻架起来,还在电线上安着灯泡,这是不正常的。在座谈参观体会时,我认为亩产4万斤是不可能的。我的发言受到了一些人的批判,说我思想保守,不相信党,不相信组织,报纸都公开报道了,我还不相信。我受到了批评,但我不认为我错了，只好不说话了。当时我就想，要真正做到实事求是，还是很难的。过了一个星期左右，又传出天津小站水稻亩产12万斤。总参又组织人去参观，我怕再惹麻烦，就装病没有去。大概过了一个月，《人民日报》头版头条大幅刊载了湖北省某县水稻亩产24万斤，还有几个小孩在稻穗上面跳舞的照片。这种不实事求是的做法太离谱了，成了天大的笑话。

第七章 在军务动员部任副处长

1969年6月，总参机关实行精减，总参军务部与动员部合并，称军务动员部。部长是兰文兆，副部长是李炎、靳玉峰、李品英。两个部合并后，动员部的工作主要由民兵处负责。民兵处处长是王明德，副处长有我、刘沛和曾振明。任副处长6年，我主要参与以下几项工作。

到黑龙江穆棱县了解组建民兵独立团的情况

1969年，我国处于紧张的战备状态。东南沿海面临美国支持的台湾蒋介石集团的骚扰，而北方边境由于中苏关系恶化，发生了珍宝岛事件。毛主席指示，战争打起来，组建地方部队，小县一个营，中县两个营，大县一个团。总参先向沈阳、北京军区传达毛主席的指示，要求这两个军区先行试点，取得经验，然后推广。沈阳军区在黑龙江省穆棱县搞试点，北京军区在河北省张北县搞试点。

为了解组建民兵独立营、团试点的情况，总参动员部于1969年11月派出两个工作组，分别了解张北县、穆棱县组建民兵独立团的情况。那时，动员部与军务部合并，称军务动员部，分管民兵工作的机构只有一个民兵处。部领导决定，由刘沛副处长带工作组去张北县，我带工作组去穆棱县。我先到沈阳军区，军区动员处给我介绍了情况，还派军区动员部白科长与我们一起去黑龙江穆棱县。穆棱县武装部详细介绍了独立团的组建情况。我们在独立团的几个连队分别召开了座谈会，还集合点验了两个连队。我与沈阳军区动员处的同志都认为，该独立团的工作做得不错，兵员是严格按要求落实的，连以上干部绝大多数是转业干部，已配发相应的武器。

12月30日，军务动员部将张北县、穆棱县试点的情况向总参领导做了报告，同时提出了关于贯彻毛主席战争打起来，组建地方部队的设想。现在全国各县都有武装基干民兵团，并配备了相应的武器装备。平时只要把基干民兵团搞好，战时一声令下就可以成为地方部队，平时可以不另建一套机构。总参领导同意我们的看法。1973年，总参、总政做出决定，平时不另建民兵独立营、团，但一定要把民兵武装基干团搞好。还明确规定，以公社为单位建连，以县为单位建团。这样，战时组建地方部队就有了坚实的基础。

到新疆了解民兵工作情况

1970年8月，靳玉峰副部长给我交代任务，他说："因东南沿海形势紧张，我们的工作重点在东南沿海，所以对新疆照顾不够，我们还没有派工作组去过新疆，当前很需要了解那里的情况。部里决定由你带工作组去一趟新疆。"

8月中旬，我带领工作组前往新疆乌鲁木齐。工作组成员有周成科、郑万义参谋。乌鲁木齐军区动员部部长李兆、副部长伊拉洪给我们介绍了新疆民兵工作的情况，还同我们一起去了解新疆生产建设兵团的情况，我们共同商定了在新疆的工作计划，先到北疆，再去南疆。军区动员部还派李志文参谋陪同我们一起去调查研究。

我们先到石河子市，听取了军分区情况介绍，看了该市几个民兵连队，然后到奎屯生产建设兵团农七师。该师政委李平曾在总参军务部工作，他热情招待了我们，还为我们举办了小型欢迎晚会。我部参谋谢志达、边矢正等也下放在该师。我与他们通了电话，他们在基层连队工作，因距离太远没有见面。

我们离开奎屯去额敏的农九师，途中乘坐的吉普车出了故障，晚上9时才到达托里县，只好在托里县武装部住下。第二天到达农九师，了解了该师的情况，看了两个基层连队，然后去塔城军分区。塔城是靠近中苏边境的城市。塔城军分区给我们介绍了民兵配合部队守卫边防的情况。我们到了一个边防部队哨所、两个民兵边防哨所，还到两个民兵边防连队召开座谈会，了解情况。塔城县是多民族聚居县，我们在召开民兵边防连队座谈会时，民兵中有汉族、哈萨克族、俄罗斯族，还有塔塔尔族（清朝时从东北迁移过来戍边的），各民族和谐相处。边防民兵工作落实，民兵都配有武器，随时可以出动配合部队作战。

我们原打算从塔城沿中苏边界到伊犁，塔城军分区领导说这条线路不安全。陪同我们的司机也说，这段边防线许多地段人烟稀少，路况复杂，标志不明确，容易走错路。因此，我们决定返回乌鲁木齐，再去南疆。

在乌鲁木齐遇见了总参动员部原协理员高毅，那时，他是乌鲁木齐军区第七师副政委，在乌鲁木齐市军管会工作。老战友相见很高兴，他请我们吃新疆风味烤羊肉。我们在乌鲁木齐停留了两天后去南疆，军区动员部增派副科长阿不杜拉陪同我们，还兼任维吾尔语翻译。

我们到库尔勒、阿克苏军分区和兵团农四师了解情况，还专程去拜城县了解老虎台公社民兵连的情况。老虎台公社民兵骑兵连，是个先进的民兵骑兵连，我们到该公社时，骑兵连全副武装，几十匹战马列队欢迎。随后进行骑兵队列表演，队伍前进、后退整齐有序，非常威武。接着进行骑马劈杀表演，很精彩。第二天骑兵连进行实弹射击，30多匹战马分三批进入射击阵地，按口令卧倒，骑兵把枪架在马脖子上进行实弹射击。绝大多数骑兵都按要求完成了射击任务，只有两匹马受惊跑了。民兵自己养的马，训练成这种程度，确实不容易。我们回到北京后，向八一电影制片厂介绍了这个骑兵连的情况。八一电影制片厂以这个民兵骑兵连为题材，拍摄了影片《民兵赞》，以纪念毛主席关于民兵工作"三落实"的指示发表十周年；这部片子在全国各地上映，受到了广泛好评。

我们离开阿克苏，到南疆军区所在地喀什。南疆军区陈参谋长接见了我们，介绍了南疆军区民兵工作的情况，安排我们去塔什库尔干县。塔什库尔干意为石头城。该县海拔三四千米，与巴基斯坦、阿富汗接壤，地域广袤，人烟稀少，居民多为塔吉克族和乌孜别克族。我们在塔什库尔干县听县武装部介绍情况后，又去县城附近了解几个乡的民兵工作情况，然后去了与巴基斯坦交界的红旗拉普口岸，再到塔哈满公社。这里民风淳朴，治安情况好。我们在该地公路边上看到一个木桩上挂着一个军用挎包和水壶，感到很奇怪，就问他们这是为什么。公社领导说，一年前有社员在此地拾到解放军军用挎包和水壶，可一直没有人来认领，就想出这个办法，以便失主领回失物。可见这里的群众很朴实，也非常热爱解放军。

塔什库尔干县和塔哈满公社领导知道我们是从北京来的，都向我们提出了砖茶供应问题。他们说："我们牧民是吃肉的，一定要喝砖茶，没有砖茶喝就头疼。"过去砖茶供应充足，"文革"后供应少了，近年来很难买到，这对牧民的生产生活影响很大。他们希望我们向中央反映，解决这个问题。我们回乌鲁木齐和北京后，认真负责地向有关部门反映了这个情况。

从喀什到塔什库尔干，路上都能看到慕土塔格峰（又称仙女峰），山峰像一座宝塔耸立云端。可惜那时没有相机，没能拍下这美好的景色。

我们从喀什乘飞机返回乌鲁木齐。同乘这架飞机的有南疆军区郑司令员和第四师高师长、卢政委。乘坐的是一架"立二"型小飞机，只能坐十几名乘客。飞机在阿克苏又上来了生产建设兵团的两位女乘客。"立二"飞机没有座椅，只有两排长凳，飞机颠簸得厉害，多数人都抱着毛毯在机舱内躺着，那两位女乘客眩晕得不断呕吐。

我们在乌鲁木齐向军区副司令员徐国贤、赖光勋汇报了到北疆、南疆了解到的情况，谈了我们的看法。新疆的民兵工作形势很好，我们所到的单位民兵"三落实"情况都很好，特别是边防地区民兵在配合部队守卫边防中发挥了重要作用。生产建设兵团在建设新疆、保卫新疆方面起了重要作用。老虎台公社民兵骑兵连很好，是个很有特色的民兵连队。我们向军区领导提出了几个需要研究解决的问题。

（1）新疆各县武装部没有编炊事员，武装部干部要自己做饭或到街上饭馆吃饭，这对工作有影响。军区徐国贤副司令员认为这是应该解决的问题，但受编制名额限制，须总部增加名额。

（2）县武装部配备小越野车问题。新疆边防连队都配备了小越野车，边防县武装部是团级单位，工作任务比较繁重，应当配备吉普车。军区领导认为这是应当解决的问题，他们准备向总部申请增配小越野车。

作者（右一）去新疆工作组照片

（3）新疆兵工厂生产的步枪、子弹、手榴弹，须上报由国防工办分配，有的要由新疆运送到内地。而总参动员部每年要向装备部门申请武器装备，由内地发送到新疆，这样浪费时间和运费。军区副司令员赖光勋是管国防工业的，他认为，这个问题要解决，须上下合力。我们回到北京后，将这几个问题向总参领导写了报告，并与有关单位商量，很快得到了解决。

到西藏了解民兵工作情况

对新疆民兵工作调查了解之后，靳玉峰副部长认为，还应该去西藏了解民兵工作情况，那里我们也还没有派工作组去过。正好西藏军区召开民兵工作会议，邀请总参动员部派人参加。靳玉峰副部长认为，这是去西藏了解民兵工作的好机会，又把这个任务交给了我。1973年10月初，我带李发和参谋去西藏。

我们先到成都，与成都军区①联系，军区派军务动员部李副部长和群工部部长参加西藏军区民兵工作会议。我们于10月5日一起乘飞机前往拉萨。那时，成都飞往拉萨的航线开通时间不长。我们在拉萨听西藏军区领导介绍情况，还参加了西藏民兵工作会议。西藏军区副司令员和自治区副主任巴桑（女）接见了我们。成都军区两位部长原计划与我们一同前往山南地区了解情况，可他们因高原反应都住进了医院。

我和李发和参谋前往山南地区。西藏军区动员部派一名藏族干部陪同我们去藏南。我们一行三人乘吉普车经曲水过雅鲁藏布江，到达山南军分区所在地泽当。军分区陈司令员热情接待我们，介绍了山南军分区的基本情况后，

---

① 指原成都军区，全书下同。

就安排我们去隆子县。该县距中印边境的达旺不远，海拔4000多米，我们都有轻微的高原反应。在隆子县我们遇到了总参情报部到西藏的工作组，他们刚从中印边境回来，脸上受紫外线照射脱皮发白了，可他们戴墨镜的地方依然是黑的，大家见面都觉得很好笑。

我们到该县的列麦公社看望了全国人大代表、民兵模范干部仁曾旺杰，我们与他在北京见过多次，去看他时他非常高兴，他热情地给我们介绍了列麦公社的情况。该公社是先进单位，耕地都在海拔4000米左右，条件非常艰苦。他家的房子很简陋，一家都睡地铺，用牦牛毡当垫子。隆子县的民兵工作很好，县武装部领导热情招待我们。

返回途中，在乃东县发生了车祸，吉普车差点翻了。"文革"期间为控制车辆通行，在公路两侧挖了壕沟，只允许汽车从路中间通行。司机没有看到公路两侧的壕沟，车速又快，汽车从壕沟上飞了过去，前车轮撞到沟沿上，汽车弹了起来，又落下，幸好车没有翻覆。我们都被震晕了过去，好几分钟后才醒过来。我的头撞破了吉普车的前挡玻璃，满脸是血。左手腕上的一条血管被玻璃割断，血流不止。我清醒过来后拍了一下司机，把司机叫醒了。我问他："附近有没有医院？"他说："不远处有一个野战医院。"我说："你试一下车还能不能开动。"他试了试，车可以开动。我们很快就到了野战医院。坐在车后座的李发和参谋直喊腰疼,他的腰椎受了伤。

我们直接到了急诊室。正是中午12点,医务人员正在吃饭。医院立即给我们进行检查治疗。先给我结扎了左手腕上已经断了的静脉血管,止住了血;从头皮上清理出10多块玻璃碎片,清理了伤口,打了破伤风针。医院还为我换下了沾满鲜血的棉衣、棉裤。这次车祸算是不幸中的万幸,没有翻车,附近又有医院。如果翻了车,路边是深沟,后果不堪设想。山南军分区陈司令赶到医院来看望我们,表示慰问。我们返回拉萨后,西藏军区领导也来慰问,我很感动。人在遇难时有人关心、慰问是非常重要的,我很感谢医院领导和医生的及时治疗,感谢山南军分区、西藏军区领导的关心和慰问。

我的伤势很快恢复,养伤期间,去参观了拉萨的名胜古迹。我参观了布达拉宫,那时布达拉宫还未对外开放,是军区派人陪我去参观的。布达拉宫确实是一座宏伟的宫殿,是藏传佛教的圣地。我在布达拉宫前广场照了相,当时左手掌还缠着绷带。

我们还参观了大昭寺,这

作者在拉萨布达拉宫广场

是世界上非常有名的佛教寺庙，在"文革"中遭到破坏。我们去参观时，大昭寺正在维修，工匠们在修理佛像。

我们还参观了拉萨著名的商业街八角街。据说现在八角街建设得非常好，成了旅游景点。可那时八角街给我的印象并不好，秩序混乱，野狗乱窜。但罗布林卡是个很好的地方。西藏之行给我留下了非常深刻的印象，是祖国不可分割的一部分，西方反动势力支持达赖，妄想搞"西藏独立"，分裂祖国，这是痴心妄想，是不可能得逞的。

西藏和平解放后，我们有一批干部长期在西藏工作。他们在高原缺氧的条件下，特别能吃苦，特别能忍耐，特别能战斗，克服种种困难，长期建藏，以藏为家，为西藏的发展做出了贡献。这种精神是难能可贵的，是值得后人继承和发扬的。

参加国务院在遵化县推广灵宝县经验试点

1968年7月11日，《人民日报》发表了河南省灵宝县革命委员会精兵简政的报道。灵宝县革命委员会机关人员很少，不到100人。灵宝县革命委员会被视为精兵简政的好典型。

1974年，毛主席指示，要精兵简政，要推广灵宝县的经验。一个县脱产的工作人员编制员额限定为100人。周总理指定罗青长组织国务院各部委的领导在遵化县进行试点，并要军队派人参加。总参领导决定由军务动员部派人参加，部里派我去参加。我建议河北省军区也派人参加，因为试点的遵化县归河北省管辖。河北省军区派动员处李有田参谋和政治部一名干事与我们一起到遵化县，向国务院试点工作团报到。

遵化县有三个全国闻名的单位。一是西铺村大队，即王国藩的穷棒子社。毛主席在《中国农村的社会主义高潮》一书的按语中提到王国藩合作社。按语说："遵化县的合作化运动中，有一个王国藩合作社，二十三户贫农只有三条驴腿，被人称为'穷棒子社'。他们用自己的努力，在三年时间内，从山上取来了大批的生产资料，使得有些参观的人感动得落泪。我看这就是我们整个国家的形象。"二是沙石峪生产大队，张富贵领导的大队在青石板上创高产的典型。三是西下营公社四十勇士的先进民兵营。我分别在这三个单位蹲点做调查研究，并及时向国务院工作团办公室汇报。通过调查研究，我认为革命委员会成立后，精简机关是正确的。但将一个县的编制员额限定100人以内，包括县委、政府机关工作人员，还包括银行、供销合作社、邮电部门等机构，是有困难的。对于县一级精简机构，与军队关联的问题不多。县武装部属军队编制，不属地方编制，不应在 100 名编制之内，要精简将由军委视情况而定。公社武装部部长虽是地方干部，但那时经费是由国防费开支的，每个公社只有部长一人，不能再减了。我们把这个意见向部领导汇报，然后向国务院工作团做了汇报。

第八章
在总参动员部任处长

1975年1月,总参军务动员部分编为总参军务部和总参动员部。1975年7月,军委任命曹宇光为动员部部长,靳玉峰、米光、路奎为副部长。动员部设办公室、组织计划处、军事训练处、武器装备处、兵员动员处、研究室和政治处。我任武器装备处处长。我在动员部任处长将近6年,主要做了以下事情。

组织民兵配合部队对越进行自卫反击战

1975年后,越南奉行地区霸权主义,出兵柬埔寨,中越关系恶化。越南当局不断出动武装人员侵犯我国领土,制造了一系列流血事件。在忍无可忍的情况下,我军奉命对越进行自卫反击战。

党中央、中央军委于1979年2月17日,对越自卫反击战打响。总参动员部派出两个工作组到广西和云南前线,检查民兵战备工作。刘沛处长带工作组去云南战区。我带工作组去广西前线。工作组成员有姜诗坤、梁作民、郑万义。广西南宁军分区(南宁警备区)派人和我们一起行动。我们从东兴县北仑河口起,经友谊关、北仑隘、峙浪、平而关、水口关、硕龙关等重要边境关口,检查了解民兵战备情况。那时，广西边境地区各县、市对战备工作非常重视。各县都组织民兵战斗队配合部队作战，组织担架队、运输队、救护队配合部队行动。边防地区民兵和群众情绪很高，都表示要支持部队打好这一仗。

我在龙州县向总参派驻广西的肖剑飞主任汇报了情况。我们完成任务后在南宁过春节，春节后回到北京，对越自卫反击战就打响了。

对越自卫反击战期间，广西、云南边境地区民兵积极参战支前、配合部队作战，担负了封锁边境、侦察敌情、充当向导、瓦解敌军、看押俘虏、救护伤员、修路护路、运送物资、守卫重要目标等任务，涌现出骆科邦、吕元朝、黄华临、黄德光、谭正民、邓有程、鲍朝元、韦国斌、李芸、王园祖、邓志发等民兵英雄，受到党中央、中央军委表彰。

对越自卫反击战结束后，部队回撤，但边防地区民兵工作仍需要加强。我又奉命带工作组去广西，与广西军区共同研究在边防地区建立民兵哨所，以及解决哨所的设施、经费等问题。这些问题受到财政部等单位的大力支持，很好地得到了解决。

云南边防地区在部队后撤之后，也需要建立民兵哨所。部领导又派我带工作组去昆明与云南省军区研究解决边防建立民兵哨所问题。云南省军区派动员处处长陪我去文山、蒙自边境地区实地了解情况。

在广西法卡山民兵哨所（右二为作者）

在广西金鸡山民兵哨所（右三为作者）

回眸往事(二)

在广西廖行民兵哨所（前一为作者）

在广西大新民兵哨所（左一为作者）

随刘华清率领的中国民兵代表团访问南斯拉夫

为学习外国预备役建设和动员工作的经验，1979年12月，中央军委派中国民兵代表团赴南斯拉夫访问。代表团团长是总长助理刘华清，成员有总参动员部副部长靳玉峰、沈阳军区动员部部长李光俭、我（时任动员部武器装备处处长），以及总参外事局一科长和总长助理刘华清的随员。代表团乘坐民航飞机前往南斯拉夫。

南斯拉夫国防部领导接见代表团，给代表团详细介绍了他们国家全民防御的理论和地方防御部队（类似我国民兵）的情况，以及兵役制度。代表团参观了南斯拉夫民防训练中心和地方防御部队的一个连队，还参观了著名的苏捷斯卡纪念公园。1943年5—6月，在苏捷斯卡河谷，南斯拉夫军队和人民遭到德军、意军的重兵包围，他们浴血奋战，击溃德军，突出重围。这个公园就是为纪念这次战役而修建的。

刘华清团长参观南斯拉夫地方防御部队

代表团在中国驻南斯拉夫大使馆

代表团参观南斯拉夫苏捷斯卡纪念公园

访问结束后,途经罗马尼亚首都布加勒斯特回国。总长助理刘华清向徐向前元帅做了汇报。徐向前元帅说:"总参动员部要把国防动员工作抓好,要吸取外国的经验,结合我国的实际情况,把我国的民兵建设搞好。"这是我第一次走出国门,又是到社会主义国家南斯拉夫访问,所以非常高兴。铁托领导南斯拉夫人民英勇抗击德国入侵的光辉事迹,给我留下了深刻的印象。南斯拉夫电影《瓦尔特保卫萨拉热窝》《桥》在中国很受欢迎。南斯拉夫歌曲《啊!朋友》,中国的年轻人都很喜欢唱。

拨乱反正，恢复民兵工作的光荣传统

在长达十年的"文革"期间，"四人帮"千方百计地破坏民兵建设，与党争夺民兵的领导权，妄图把兵民作为他们篡党夺权的武装力量。粉碎"四人帮"以后，在中央军委的领导下，彻底清算了他们破坏民兵工作的罪行，使民兵工作恢复了传统、走上了正轨、得到了加强。由于我长期从事民兵工作，所以对这方面的事，我是有深刻感受的。

1. "四人帮"对民兵工作破坏的实质是篡夺民兵领导权

"四人帮"篡夺民兵领导权分为三个阶段。

第一阶段是从1967年7月22日江青提出"文攻武卫"的口号开始。7月31日，张春桥、王洪文在上海拉起一支由造反派组成的所谓"文攻武卫"队伍，配发武器，挑起武斗，镇压群众。1967年10月1日，上海举行国庆游行，游行队伍中就有一支由12个单位人员组成的"文攻武卫"队伍。他们头戴安全帽，身穿工作服，佩戴"文攻武卫"标志，手持步枪、机枪，高射炮等装备。张春桥在上海人民广场检阅这支"文攻武卫"队伍时，得意忘形地说："我们终于有了自己的武装队伍"。他还一再向其党羽交代，兵权不在手里，心里是不安的，要用枪杆子保卫笔杆子的革命。

第二阶段是从他们建立"民兵指挥部"开始。当时针对各地武斗成风，毛主席指示，要文斗，不要武斗，要上海撤销"文攻武卫"组织。周恩来总理也指示："有军分区、武装部嘛，还搞什么民兵指挥部！"张春桥、王洪文一伙又出新招，把"文攻武卫"组织改名为"上海民兵"，建立"民兵指挥部"。王洪文在改名大会上直言不讳地说："改变名称并不意味着改变文攻武卫的性质和任务，原来怎么干的，今后还照样干下去。"他们随意扩大队伍，还给"上海民兵"装备了重型火炮和车辆，甚至不惜耗资上百万元建造了一艘民兵巡逻艇。他们利用"上海民兵"随意抓人、打人、私立公堂，扣押无辜群众。"上海民兵指挥部"抓的一个个试点县，在不到三年时间里，被抓、被关的9700多人。他们还提出由"民兵指挥部"代替公、检、法等专政机关，擅自把上海市十个郊区县的武装部改称"民兵指挥部"，还强行撤销了市内600多个基层武装部，逼迫800多名专职武装干部靠边站或改行。他们还秘密策划成立"全国民兵总指挥部"，妄图篡夺中央军委对全国民兵的领导权。1973年10月，"四人帮"以中共上海市委的名义，向中共中央、中央军委送上了一份《武装工人阶级，建设城市民兵》的调查报告，提出以造反组织为基础改造民兵、重建民兵，组织"民兵小分队"走向社会，抓阶级斗争。他们还利用手中控制的权力，把这一套做法称为"新鲜经验"，以国务院、中央军委的名义向全国转发，致使上海"民兵指挥部"的做法扩散全国。民兵建设在一些地区遭到严重破坏。但全国大多数地区不同意搞"民兵指挥部"，仍坚持传统的做法，加强民兵建设。

第三阶段是"四人帮"公开提出在全国撤销武装部，建立"民兵指挥部"。1974年9月，总参谋部在北京召开民兵组训工作座谈会。这次会议是研究如何进一步搞好民兵组织建设和加强军事训练、加强战备工作的。会议结束时，王洪文和张春桥突然提出，要接见会议代表，趁机向军委叶帅、聂帅和总参领导发难，指责这次会议路线不正，方向不正，没有把上海的"新鲜经验"列入会议议程，是不承认"上海经验"。他们硬要这次会议延长三天，讨论"上海民兵指挥部"，重新修改会议纪要。经过修改后的会议纪要，主要内容是推行"上海经验"，撤销武装部，建立"民兵指挥部"，并以国务院、中央军委名义转发至全国全军。这是"四人帮"妄图篡夺民兵领导权的一次最疯狂的表演。

各军区接到他们以国务院、中央军委名义发出的通知后，不少军区召开民兵工作会议，研究如何贯彻执行。总参动员部派出多个工作组参加各军区召开的会议。

1975年7月，我带工作组去参加广州军区召开的民兵工作会议。会上，多数人不赞成上海的做法，但因为有以国务院、中央军委名义发的文件，大家很难统一认识。军区主管民兵工作的欧致富副司令员感到很难办。他召开司令部、政治部领导参加的小型会议，请我参加。他在会上要我回答两个问题：一是国务院、中央军委转发的文件要不要执行；二是要不要取消人民武装部，建立"民兵指挥部"。我知道他们是不同意上海的所谓经验的，但碍于国务院、中央军委的文件，不知如何处理是好。我和他们在思想认识上是一致的。但我来自领导机关，不能不表态，又不能随意表态。开会前一天夜晚，为思考如何回答他们可能提出的问题，我翻来覆去，一夜没睡。我是这样说的："国务院、中央军委转发的文件是要执行的（我当时也不敢说不执行），但要从实际出发，结合实际情况执行。至于是否取消武装部，建立'民兵指挥部'，这是个大问题。中央军委过去有明确规定，军队建立或撤销一个营级以上单位要报中央军委批准。如果军区要撤销武装部，建立'民兵指挥部'，县武装部是团级单位，而且不是撤销一个武装部，而是一个武装部系统，这是个大问题，军区应当向中央军委写专题请示报告。"当时，我只能这样回答。一是没有让"四人帮"抓到辫子，二是在一定程度上阻止了"四人帮"对民兵工作的破坏。因此，广州军区和其他军区都没有上呈撤销武装部、建立"民兵指挥部"的报告。中央领导和广大人武干部的坚决反对，让"四人帮"妄图篡夺民兵领导权的阴谋没有得逞。

2. 批判"四人帮"破坏民兵建设的罪行，恢复民兵工作的光荣传统

粉碎"四人帮"之后，时任军委副主席叶剑英于1977年3月指示：野战军、地方军、民兵三结合是中国武装力量的传统体制，是毛泽东人民战争光辉思想的体现；民兵是武装力量的一个组成部分，不能自成体系，必须置于地方党委和军事系统的双重领导之下，"四人帮"搞"第二武装"，搞"民兵指挥部"的流毒要批判，彻底肃清。

遵照叶帅的指示精神，1978年7月，总参、总政、总后勤部①（以下简称"总后"）在北京召开全国民兵工作会议。参加会议的有各军区、省军区领导及部分军分区领导，与会人员400多人。会议中心内容是：揭批"四人帮"破坏民兵工作的罪行，拨乱反正，总结经验教训，继承和发扬民兵工作传统，加强民兵建设。中央军委副主席聂荣臻元帅在会上做了重要讲话，强调民兵工作的重要性，强调要恢复和发扬民兵工作的优良传统。杨勇副总长做了《高举毛泽东旗帜，大力加强民兵建设》的报告。副总长张才千、总政副主任徐立清、总后部长李元副也在会上讲了话。

---

① 指原总后勤部，全书下同。

党中央、中央军委领导很重视这次会议，华国锋、叶剑英、邓小平、李先念、汪东兴、聂荣臻接见了会议代表。会后总参、总政、总后转发了聂荣臻元帅和杨勇副总长的报告以及总部领导的讲话。这是粉碎"四人帮"后民兵工作的一次重要会议，为端正民兵建设方向，恢复和发扬民兵工作的优良传统起了重要作用。

此次会议之后，国务院、中央军委做出两项重要决定：其一，国务院、中央军委发出通知，撤销1973年转发的《上海城市民兵的情况调查》，撤销1974年转发的《总参组训工作会议纪要》，并指出这两个文件是错误的。其二，中央军委决定，恢复各级人民武装委员会，加强民兵工作的领导。徐向前元帅任中央军委人民武装委员会主任。各省（自治区、直辖市）和各地县党委恢复人民武装工作委员会。

第九章 在总参动员部任副部长

1981年10月9日，军委任命我为动员部副部长。那时，曹宇光为部长，米光为副部长，靳玉峰、路奎为顾问。1982年8月，军委任命孟平为动员部部长，周村为副部长，我仍为副部长，曹宇光为顾问。这一时期（近四年），我的主要工作是积极参与民兵工作的调整改革、修改《兵役法》、组建预备役部队等。

参与制定民兵工作调整改革的方案

我国长期处于紧张的"早打、大打、打核战争"的战备状态。因此，民兵建设数量偏大，给人民的负担偏重，需要调整改革。1973年3月，徐向前元帅召开军委人民武装委员会，研究民兵工作的调整改革问题。他要求总参动员部提出民兵工作调整改革方案，他强调加强民兵建设是全党全军一项长期的战略任务。民兵要在改革中前进，使之适应新的形势，服从和服务于党在新的历史时期的总任务、总目标。

1980年3月，总参动员部在北京召开各军区动员部部长参加的座谈会，讨论民兵工作调整改革问题。4月，总参、总政发出《关于研究民兵组织调整改革问题的通知》，要求各军区、省军区进行调查研究，多方征求意见。12

月,总参、总政召开各军区动员部部长、群工部部长和各省军区动员处处长参加的会议,专门讨论民兵工作调整改革的方案。12月下旬,总参、总政将《关于调整改革民兵组织的报告》上报中央军委。中共中央、国务院、中央军委批准总参、总政上报的《关于民兵调整改革的请示报告》,并以中共中央〔1981〕11号文件批转各地执行。这是对民兵工作进行调整改革的指导性文件。对于民兵工作调整改革,时任动员部部长曹宇光,副部长靳玉峰、米光,都是长期从事民兵工作,并有丰富工作经验的老同志。他们热爱民兵工作,积极研究拟订改革方案。我那时也积极参与民兵工作调整改革方案的制定。

对民兵组织进行调整改革

(1) 缩小组建民兵的范围。把原规定人民公社、厂矿、机关、学校、街道和企业事业单位都建立民兵组织,改为只在人民公社和厂矿事业单位组建民兵组织,机关、学校、科研单位平时不组建民兵组织。

(2) 压缩参加民兵的年龄。原来参加民兵的年龄是16—45岁,改为18—35岁;基干民兵年龄为18—28岁;女民兵的年龄可参照基干民兵年龄,并根据需要进行选编。

(3) 简化民兵组织层次。民兵只分基干和普通民兵,取消了武装基干民兵。明确规定了参加民兵的政治条件和身体条件：凡符合条件的28岁以下的退伍军人、经过基本军事训练和选定参加军事训练的人员编为基干民兵，作为参战和执行各项任务的骨干力量，其余为普通民兵。各地按照中央军委的规定，对民兵组织进行调整改革，到1982年底按时完成了任务。组建民兵的范围大大缩小，取消了一些有名无实的机构，简化了组织层次。全国民兵总数减少了60%，基干民兵减少了80%，而退伍军人的比例却大幅增加，质量显著提高。

对民兵军事训练进行调整改革

主要是缩小民兵军事训练的规模，减少训练人数，缩短训练时间，精简内容，提高质量，减轻群众的负担。将原计划每年训练基干民兵2600万压缩到300万，减少88%。

为保证训练任务的完成，一是重新制定了《民兵军事训练大纲》。要求经过训练的民兵熟练掌握手中武器，学会基本战斗动作，能完成一般战斗任务。二是突出民兵专业技术训练。1981年5月，总参动员部组织各军区、省军区业务部门干部，观摩北京军区在大同市召开的民兵反空袭、反空降训练现场会。6月30日，总参转发了北京军区《关于民兵反空袭、反空降现场会议的报告》。1983年4月，总参动员部、总参防化部在辽宁省沈阳市召开全国民兵防化兵现场交流会。8月10日，总参炮兵部、总参动员部在黑龙江嫩江召开民兵地炮现场交流会，听取经验介绍，观看实弹射击。三是建设民兵训练基地。随着民兵训练改革，民兵训练由在农村分散训练转向以县为单位集中训练。为适应这一变化，许多地区以县为单位建设民兵训练基地，促进了民兵训练的发展，提高了训练质量。杨得志总长视察河北石家庄民兵训练基地时说："建设民兵训练基地是个方向，要在全国推广。"由于有了正确的指导思想，理顺了关系，改进了方法，所以民兵训练改革顺利发展。

对民兵武器装备管理进行调整改革

1980年，全国民兵武器已达到1000万件。这些武器绝大部分是步枪、机枪、迫击炮，而反坦克、反空降的武器太少。为改变这种状况，总参、总后于1981年12月召开全国民兵装备工作会议。针对民兵武器装备工作中存在的问题，确定了"控制数量，提高质量，调整品种，搞好配套"的方针。

1982年4月17日，国务院、中央军委批转了总参、总后关于全国民兵装备会议报告。根据此报告精神，总参动员部调整了民兵装备发展规划。强调压缩一般武器的数量，把发展的重点放在补充短缺的武器装备、解决武器品种少和现有武器所需器材不配套的问题。增强民兵打坦克、打飞机、打空降和游击作战的能力。同时，要求对现有武器进行清查整顿，该淘汰的予以淘汰。

在调整民兵装备改革时，我们采取的主要措施有：

第一，调整民兵武器装备布局。1980年以前，民兵武器大部分配备在基层单位。为改变这种状况，遵照1981年全国装备会议要求，本着平战结合、保证重点、合理布局的原则对武器装备布局进行调整，加大城市、交通枢纽、战略要地，特别是海陆边防地区的武器配备。封存部分武器装备。

第二，严格民兵武器装备管理。重新拟制、修订民兵武器装备管理规定。1984年9月，总参动员部、总后军械部在济南市召开民兵武器装备管理维护经验交流会。各军区动员部、军械部的干部参加了会议，研究了加强管理、防止事故和搞好武器装备维修的措施。

第三，加强武器装备管理的检查指导。开展民兵武器管理百日无事故活动，表扬了沈阳军区、济南军区和辽宁省军区等16个先进单位，开展了争创先进民兵装备仓库、民兵先进修械所活动。1986年，辽宁、宁夏、新疆、云南、河南、广东、湖北、贵州等军区修械所被评为先进单位。

第四，对民兵武器弹药、器材进行技术检查。1981年，总参、总后转发了广州军区关于民兵武器装备普查的报告，要求各军区、省军区参照广州军区的做法，对民兵武器装备进行技术普查。各地于1985年底完成了普查任务。

参与和主持修改《兵役法》

1980年7月，国务院、中央军委批准总参《关于修改兵役法问题的请示》。成立了中央军委修改《兵役法》领导小组，由副总长杨勇任组长，总参、总政、总后、军事科学院等单位一名领导为小组成员。办公室设在总参动员部，部长曹宇光为主任，副部长靳玉峰为副主任；办公室成员由动员部的处长、参谋十人组成，我是其中之一。办公室于1980年8月正式开始工作。1982年，曹宇光部长、靳玉峰副部长退下来后，由我主持《兵役法》的修改工作。

《中华人民共和国兵役法》是1955年颁布实施的，对加强我军和后备力量建设起了重要作用。党的十一届三中全会以后，我国进入一个新的历史时期。党的十二大确定了我们今后的根本任务，就是集中力量进行社会主义现代化建设，逐步实现工业、农业、国防和科学技术的现代化，把我国建设成为高度文明、高度民主的社会主义国家。因此，为适应新形势，对1955年《兵役法》加以修改。

修改《兵役法》，办公室进行了广泛的调查研究。修改稿完成后，印发各省（自治区、直辖市）人大常委会和党、政、军机关的有关部门征求意见。曹宇光、靳玉峰和我多次与全国人大秘书长联系，在人大开会期间，征求省（自治区、直辖市）领导的意见。还在政协礼堂开座谈会征求意见。座谈会由政协委员、军事科学院副院长阎揆要主持，邀请杜聿明、黄维、覃异之等人参加，曹宇光和我参加座谈会听取意见。

中央军委修改《兵役法》领导小组于1982年4月22日至5月4日，在北京召开《兵役法》修改草案研讨会。各省（自治区、直辖市）有关部门领导参加。国务院副总理万里、总长杨得志、总政副主任颜金生到会讲了话。经过多次修改，提出了《兵役法》修改草案。国务院、中央军委于1983年10月25日将《兵役法》修改草案提交第六届全国人大常委会审议；第六届全国人大常委会决定，提交第六届全国人民代表大会第二次全体会议审议。

1984年5月22日，杨得志总长在第六届全国人民代表大会第二次会议上就《兵役法》修改草案做了说明。曹宇光和我作为工作人员参加会议。5月31日，全国人民代表大会第二次全体会议审议通过《兵役法》，由国家主席第14号命令予以公布，自1984年10月1日起实行。

新《兵役法》规定：中国实行义务兵役制为主体的义

务兵役制与志愿兵役制相结合、民兵与预备役相结合的兵役制度。这是一次重要改革。特别是在后备力量建设上，把民兵与预备役两种制度结合起来，适合我国国情，有利于加强国防后备力量建设。

战争年代，我们实行野战军、地方军和民兵三结合武装力量体制，我国民兵是人民解放军的有力助手和强大后备军，在战争年代发挥了重要作用。新中国成立初期，我国实行普遍民兵制，民兵在保卫新生人民政权，配合部队守卫海陆边防方面发挥了重要作用。

1955年，《中华人民共和国兵役法》规定，实行义务兵役制。《兵役法》的执行，重视预备役建设，而忽视了民兵建设。1958年，毛主席号召大办民兵师之后，又主要抓民兵工作，忽视了预备役。民兵制度与预备役制度，各有长处，也各有不足，把两者结合起来，作为我国后备力量的制度，继承了我国的优良传统，使我国后备力量建设具有中国特色。

1984年6月，总参、总政发出通知，要求全军各单位组织干部认真学习《兵役法》，认真执行《兵役法》。为更好地宣传《兵役法》，由邰仕云执笔，编写了《中华人民共和国兵役法释义》，于1987年7月由法律出版社出版发行，供全国各级兵役机关和有关人员学习使用。

在修改《兵役法》期间，总参政治部三次推荐我去国防大学学习,但由于修改《兵役法》而没有去成。当时军委有规定,中高级干部提升前必须经过国防大学培训。我失去了去国防大学学习的机会,但军人以服从命令为天职,以工作为重,我愉快地服从了组织的决定。

认真抓退伍军人预备役登记工作

1978年10月,中央军委副主席徐向前元帅指示:退伍军人回去后要登记起来,不光是要他们回去,战时还要叫他们出来。徐向前元帅的指示,指出了战时动员非常重要的问题。战时动员的首批对象,应是近3—5年退伍的士兵。这些士兵具有军事素养,熟悉部队生活,征集入伍即可参加战斗。

遵照徐向前元帅指示,总参动员部起草《关于退伍军人登记统计工作的通知》,经总参谋部批准于1978年11月3日下发执行。随后,总参动员部又拟定《退伍军人预备役登记统计暂行规定》(以下简称《规定》),经国务院、中央军委批准,于1980年12月下发执行。

各军区、省军区认真按照《规定》执行,截至1981年底,全国登记服预备役退伍军人126万人,其中各种专业技术兵56万人。动员部配合总政干部做好预备役军官的登记工作。把这项工作做好,战时首批动员就有了可靠的基础。动员部领导强调一定要长期坚持，认真把这项工作做好。

积极参与组建预备役部队

1980年9月，总参动员部部长曹宇光在军委研究战时动员工作时，提出了组建预备役部队的建议。10月，秦基伟、李德生、袁升平、廖汉生联名给杨得志总长和军委首长写信，建议组建预备役部队。他们认为，未来战争具有突然性，平时不可能养很多兵，建议组建预备役部队，为战争初期快速动员扩编做好准备。

1982年9月，中央军委同意总参动员部根据军委和总参的指示，开展组建预备役部队试点工作。1983年3月，向沈阳军区、北京军区下达了组建预备役部队试点的通知。北京军区决定组建雁北预备役师试点，沈阳军区在锦州组建预备役师试点。军区动员部和总参动员部共同拟制试点方案。两个试点预备役师召开成立大会时，总长助理谭旌樵，总参动员部部长孟平、副部长周村分别参加了成立大会。

8月6日，军委主席邓小平在听取沈阳军区司令员李德生汇报时指出：组建预备役部队是个好办法。国防部部长张爱萍、总长杨得志和北京军区司令员秦基伟，分别为雁北预备役师题词。从1983年起，这项工作全面展开，各地陆续组建了预备役部队。海军、空军、炮兵、高炮部队、防化部队都组建了预备役师。预备役师是战时扩大部队的好办法。预备役师基本上是由最近3—5年的退伍兵组成，具有较强的战斗力。

1985年11月，总参在湖南株洲市召开预备役部队建设经验交流会。各军区、省军区和预备役师团的领导参加了会议。我主持这次会议，副总长何其宗、广州军区政委张仲先、副司令员张万年、中共湖南省委书记毛致用等在会上讲了话。株洲、襄樊等7个预备役师在会上介绍了经验，我们还观看了株洲预备役师的军事表演。这次会议对预备役部队的建设起了很好的推动作用。

1989年11月，总参在锦州召开全军预备役部队工作会议。参加会议的有各军区司令部副参谋长、动员部部长，各省军区和各预备役师的领导干部，总参和各军兵种有关部门派人参加会议，与会人员共170多人。军委、总参领导都很重视这次会议，总长迟浩田和副总长韩怀智、何其宗参加了会议并讲了话。会议着重讨论了当前和今后一个时期，加强预备役部队建设的有关问题，统一思想认识，明确预备役部队建设发展的方针、目标和要求。大家都认为这是一次重要会议。我带领动员部处长、参谋数人负责会议的组织、协调工作。12月7日，总参动员部以总参名义，向军委报告了会议情况。这次会议之后，各省都组建了预备役师。特别是空军、海军、炮兵，也都组建了预备役部队。

第十章 在总参动员部任部长

1985年7月,中央军委任命我为总参动员部部长,谭冬生为副部长,免去孟平部长、周村副部长职务。动员部撤销了顾问组和研究室,政治处改为协理员办公室,其他机构没有变化。我任部长5年时间,主要抓民兵预备役的深化调整改革工作。

党中央当时对国际形势的分析和判断是,世界大战一时还打不起来,要集中力量搞经济建设,现役部队要减少,后备力量要加强。据此,总参动员部的主要工作是推动民兵预备役工作的改革和深入发展。

作者任总参动员部部长照片

为了贯彻党中央关于国际形势分析和判断的精神,总参动员部经过深入调查研究,广泛征求各军区、省军区的意见,提出了民兵预备役工作进一步调整改革的意见,并以总参、总政名义上报中央军委。1985年11月1日,中共中央、国务院、中央军委批转了总参、总政《关于当前和今后一个时期民兵预备役工作的意见》。中央在对这一文件的按语中指出:在当前国家集中力量进行社会主义现代化经济建设和现役部队大量裁减的情况下，要重视国防后备力量建设。精干的常备军和强大的后备力量相结合，是建设现代化国防的必由之路。各级党委、政府和各级军区要以经济建设为中心，加强对民兵预备役工作的领导，搞好后备力量建设。

这个文件是指导新时期民兵预备役建设的纲领性文件，特别是提出的民兵要减少数量、提高质量、抓好重点、打好基础的指导方针，更是民兵工作必须牢牢把握的指导思想和行动纲领。动员部必须认真学习这个文件，统一思想，认真抓好落实。

1. 进一步减少基干民兵数量

民兵组织经过前几年的调整改革，基干民兵人数已大大减少，但规模仍然过大，要进一步减少。到1990年底，实现全国基干民兵再减少50%，总人数由3000万减少到1500万。我们在抓落实过程中也注意突出重点，主要是抓好海边防、城市和少数民族地区的民兵预备役建设，加强政治思想教育，认真抓好组织落实。各军区、省军区也采取具体措施，认真贯彻中央文件精神，按文件要求完成民兵组织调整改革任务。

2. 压缩民兵军事训练的规模，提高训练质量

全国基干民兵每年训练人数由300万减少到80万，主要安排在边海防、战备重点地区和全国人防重点城市，主

要训练专职人武干部、民兵干部和专业技术兵。在训练内容上，突出"三打"（打飞机、打坦克、打空降）、"三防"（防空袭、防空降、防化学）的训练，统一训练内容和考核标准，提高训练质量。提倡由县（市）建立训练基地，实行集中训练。为提高民兵训练质量，要求每个省军区抓1—3个县民兵规范化训练试点，全国共安排80个县试点。要求训练基地有靶场、壕沟、铁丝网等基础设施，还要有专业民兵训练基地。经考核，试点县训练的民兵效果都很好。从1985年起，开始在各地有计划地建立民兵专业技术兵训练基地。动员部与炮兵部在河北正定县、河南辉县和四川广汉县各建一个大口径火炮训练基地。在大亚湾建核电站时，在秦山、大亚湾地区建立了民兵防化营和民兵防化基地。这些改革措施大大提高了民兵训练质量。

3. 修改民兵武器装备发展规划，加强武器装备管理和维修

1986年3月，动员部上报了修改后民兵武器装备发展规划。原来的规划要求做到"四个人一条枪"，是为实现全民皆兵的需要。修改后的规划主要是补充适合民兵打坦克、打飞机和专业技术兵训练所需武器装备。淘汰、报废了大量技术性能差的武器，如七九式、六五式步枪和轻机枪等旧杂式武器。同时，调整民兵武器装备的布局，在保证民兵战备执勤、民兵预备役军事训练和学生军训所需武器装备的前提下，民兵武器装备分布面进一步缩小。乡以下单位不配备民兵武器，尽量集中存放在省军区、军分区和县（市）民兵武器装备仓库。同时加强了民兵武器装备的管理，一是对现有的武器装备进行严格的技术审查。符合要求的武器装备留下来保存，不符合要求的报废处理。天津警备区民兵武器装备管理做得好，总参谋部先后两次予以通报表扬，推广他们的做法。二是搞好民兵武器装备的封存工作。1985年5月，总参动员部、总后军械部下发了《关于进一步抓好民兵武器封存工作的通知》，对封存的武器，要求统一规划、分级负责，确保封存质量，还要求定期检查。1985年10月，总参动员部、总后军械部在广州市召开全国民兵武器封存现场经验交流会。1987年4月，又在贵州省贵阳市召开现场会，交流经验。1989年底，全国民兵武器装备封存工作全部完成。

4. 抓城市民兵工作改革

1986年5月，在江苏无锡召开全国城市民兵工作座谈会。这次会议是在抓农村民兵建设之后召开的。为搞好农村民兵预备役工作的调整改革，总参动员部于1984年在湖北武汉召开全国乡村民兵工作座谈会，各军区动员部部长参加，研究在新形势下农村民兵预备役工作改革的措施。我和组织处处长刘沛主持这次会议。而这次在无锡召开的座谈会，是为了抓好城市民兵建设。

无锡市民兵工作搞得很好。会前，总政群工部主动提出，要与动员部一起组织这次会议，我们表示欢迎。总参动员部和总政治部联合下发了会议通知，一起搞调查研究，为开好这次会议做准备。在会议召开前夕，总政群工部因故不能参加这次会议。

1986年5月2日，我在准备前往无锡主持召开会议时，接到徐信副总长从上海打来的电话，他说："军委杨尚昆副主席在上海听取了南京军区领导的汇报，知道总参动员部准备在无锡召开城市民兵工作座谈会，这次会议谁主持啊？"我回答："是业务工作会议，我去主持。"徐副总长说："杨副主席认为这次会议很重要，你主持级别低了，已通知何其宗副总长主持这次会议。"遵照徐副总长的指示，我们连夜加班将我在会上的讲话稿改为何其宗副总长的讲话稿。5月4日，何其宗副总长与我们一起乘空军专机到无锡参加会议。

5月6日，全国城市民兵工作座谈会在江苏省无锡市召开。这次会议，认真学习党中央、国务院、中央军委转发总参、总政《关于当前和今后一个时期民兵、预备役工作的意见》，交流城市民兵预备役工作改革的经验，研究进一步做好城市民兵预备役工作的措施。会上，代表们听取无锡军分区领导介绍工作经验，观看了为会议准备的展览，参观了无锡市民兵工作比较好的几个单位。何其宗副总长在会上做报告，我在会议结束时讲了话。会后，总参动员部上报了全国城市民兵工作座谈会纪要。

1986年8月8日，国务院办公厅、军委办公厅转发了全国城市民兵工作座谈会的会议纪要。要求各地按照会议要求，调整城市民兵训练任务，缩小武器分布面，进一步减轻企业负担，普遍将民兵工作纳入企业管理计划，加强对民兵工作的领导，增强企业活力。这次会议对指导城市民兵预备役建设起到了很大的作用。

5. 抓边海防民兵工作改革

边防海防地区的民兵工作很重要。我们在抓了农村、城市民兵预备役工作调整改革之后，重点转到抓边海防民兵工作的调整改革。舟山群岛的民兵工作基础扎实，渔民与驻军关系密切，军民联防搞得好。总参动员部提出，拟以总参名义在浙江舟山召开全国边海防民兵工作会议。1986年初，总参动员部发出通知，要求各军区和陆海边防省（自治区、直辖市）组织力量，对民兵工作进行调查研究，提出调整改革的意见。总参动员部于三四月间，派出四个工作组到广东、广西、云南、江苏、浙江、福建等地，了解边海防民兵工作情况。改革开放后，两岸关系缓和，台湾渔船经常停靠在我沿海港口，出现了一些新情况、新问题。如何适应这些新情况，处理这些新问题，我们事前做了调查研究，准备在会议上研究解决。

1987年9月4日，总参在浙江舟山召开全国边海防民兵工作会议。参加会议的有各军区、海防边防省军区和各总部及军兵种的有关领导，边海防民兵工作先进单位的代表和国家机关有关部门人员，共120多人。与会代表先到上海，在南京军区的延安饭店集中，在何其宗副总长的带领下，乘坐海军安排的登陆舰到舟山群岛。在上海起航后，前往舟山，海军舟山基地举行欢迎仪式，军舰悬挂彩旗，列队欢迎与会代表。与会的西南、西北、东北边防省的同志长期在内地边远地区工作，有的从没见过大海，这次乘军舰到舟山，在大海上航行，又受到海军的热烈欢迎，都非常高兴，不少人抓紧机会在军舰上拍照留念。

舟山边海防民兵工作会议，由我主持，何其宗副总长做报告，舟山警备区等几个基层单位的代表在会上介绍了民兵工作改革的经验、军民联防的经验、海防民兵哨所建设的经验等。代表们参观了舟山军民联防几个先进单位。会议开得很成功，反响很好。会后，总参动员部向军委、总参呈送了会议报告。

6. 组织民兵参加经济建设

总参谋部要求各军区、省军区发动民兵参加地方经济建设，发挥民兵在经济建设中的模范带头作用，还特别强调要以参加革命老区的扶贫为重点。1986年2月15日，总参转发了南京军区上报的江苏省军区发动民兵开展"以劳养武、富民强军"活动的报告。1986年夏,我带工作组去江西省了解民兵工作情况。江西省军区副司令员沈善文陪同我一起下基层了解情况。我们从井冈山西头的黄洋界一直走到东头,了解了井冈山的情况。井冈山绿化搞得好,植被覆盖面广。吉安军分区提出发动民兵植树种竹支援绿化井冈山的活动,但缺少经费。我与江西省军区沈副司令员商量,支援他们发动民兵绿化井冈山,总参动员部拨给他们20万元经费。总参动员部还与安徽、河南省军区联系,发动民兵参加大别山区的扶贫工作。

武陵山区位于湘、鄂、川、黔四省交界,有7个地区40个县,人口约1600万,是国务院农牧渔业部的重点扶贫区。总参动员部主动与农牧渔业部部长何康(后为陈耀邦)联系,支持和配合他们在该地区开启扶贫工作。1987年8月,动员部还以总参名义向湖南、湖北、四川、贵州省军区及所属军分区下发《关于配合农牧渔部搞好武陵山区治贫致富的通知》,要求相关地区军分区、人武部,组织民兵带头搞好本地区的扶贫致富工作。为了把扶贫工作做好,我带工作组专门去了解该地区的民兵和扶贫工作的情况。1987年10月,农牧渔业部部长陈耀邦在湖北恩施召开扶贫工作座谈会,我带工作组参加了会议。会上,军分区介绍了"一三一"活动,即一个干部带三个民兵扶助一家特困户脱贫的做法,也即由一名干部与贫困户商定脱贫计划,三个民兵负责义务劳动。这套"一三一"的做法,很受欢迎。总参动员部决定在鄂西、湘西地区各组建一个民兵工兵分队,配备必要的装备,发挥工兵分队在修路、架桥、开荒等方面的作用。

1989年3月,国务院在贵州铜仁召开武陵山区经济开发会议,我率工作组参加了会议。陈耀邦部长主持会议。我在会上发言,肯定了武陵山区人民武装部扶贫的做法。为了进一步发动民兵开展扶贫工作,我在会上宣布,在铜仁地区组建一个民兵工兵营,配备必要装备,发挥民兵工兵营在山区扶贫工作中的作用。经过几年努力,武陵山区扶贫工作取得了很好的成绩。1990年,总参动员部向总参党委报告了武陵山区各级人民武装部门组织民兵扶贫致富的情况,受到总参领导的肯定和表扬。我之所以积极组织民兵参加扶贫工作,一方面,为了响应党中央和军委的号召,做好本职工作;另一方面,也出于自己对贫困地区群众的同情。我是在农村长大的,小时候过过苦日子,深知贫困的滋味。让贫困地区的人民过上好日子,是党的宗旨的具体体现,也是我的一大心愿。

7. 举办中国民兵摄影展览

为宣传中国民兵和预备役部队在建设和保卫社会主义事业中发挥的重要作用、做出的重大贡献以及取得的伟大成就,由总参动员部、总政群工部、中国摄影家协会和

《中国民兵》杂志社联合举办中国民兵摄影展,于1986年8月16日在北京中国美术馆展出。300多幅展出的摄影作品,是从全国各省、自治区、直辖市1万多幅参展作品中筛选出来的。其中,34幅作品分别获得一、二、三等奖。

这次展览规模大,参观人数多,应群众要求多次延长展览。展出的作品反映了新中国后备力量建设的历程和取得的伟大成就,从各个不同侧面真实地摄录了各条战线上男女民兵的战斗风貌。其中,《前进前进》彩色主题巨照,展示了首都产业工人民兵方队正迈着整齐有力的步伐,雄赳赳、气昂昂地通过天安门广场。《巾帼英豪》中,一位身穿天蓝色检阅服的女民兵正举手敬礼,充分展现了我国女民兵的风采,仪表整洁严谨,态度端庄凝重。

展览期间,时任中央军委副主席徐向前、国防部部长张爱萍参观展览并题词。徐向前元帅的题词是:"以民兵为基础,建设强大的国防后备力量。"展出后,从展品中精选出153幅图片,编辑成《中国民兵》影集,于1987年7月由长城出版社出版,发给全国各级人民武装部门。

8. 参加《当代中国民兵》编写工作

1983年,中央军委批准总政关于编写"当代中国"丛书国防军事卷的报告。报告将"当代中国民兵"列为中国国防和军事建设九个方面之一,并决定由总参负责,以总参动员部为主,总政群工部参加编写。1983年11月1日,

时任国防部部长张爱萍一行参观中国民兵摄影展

总参、总政发出通知,布置了《当代中国民兵》的编写工作。主编是韩怀智副总长,副主编为曹宇光、宋英奇、焦峰和我,委员有谭冬生、靳玉峰、王克卿、尚力科、黄云桥、杨国屏、杨希振、郑炳清、陶伯钧、马伟志。编辑部工作由焦峰主持,成员有刘沛、赵远、朱伯寅、周树昌、刘同刚、柳师荣、于长青、马龙渝、谢信中等同志。《当代中国民兵》的编写工作,于1988年5月完成,12月由中国社会科学出版社出版发行。它翔实地记录了1949年中华人民共和国成立至1986年民兵建设发展的历程,展示了中国民兵建设和发展的新面貌,总结了民兵工作的历史经验,讴歌了民兵在保卫祖国和建设祖国中做出的重大贡献。时任军委副主席徐向前为该书撰写了前言"伟大的战略力量",指出:"历史的实践证明,民兵是巩固国防的战略力量。把民兵建设作为一项重要的军事制度坚持下去,不断加以完善,是非常必要的。这是我们在和平时期实行寓兵于民,加强国防建设的一条重要途径。尤其是在人民解放军实行精简整编的情况下,做好民兵预备役工作,加强后备力量,更是巩固国防的重大战略措施。"此外,我还参加了《当代中国军队的军事工作》的编写工作,是编委之一。

9. 再次到东南沿海了解民兵工作情况

1990年春节前,我主持召开动员部全体干部会议,安排春节期间的工作。要求值班人员一定要恪尽职守,掌握情况。要求大家好好过春节,注意安全。会议正在进行当中,韩怀智、徐惠滋副总长在事前没有通知的情况下,突然来到动员部。两位副总长的光临,我们表示热烈欢迎,并请首长做指示。韩怀志副总长说:"我代表总参党委、总参首长向动员部全体同志问好!向大家拜年了!动员部人心齐、干劲足、团结好、风气正,这几年民兵工作的改革很有成绩,总参党委对动员部的工作是满意的。"大家听后很高兴,热烈鼓掌。徐惠滋副总长接着说:"动员部对民兵工作改革很有成绩,提出了好建议,给总参和军委当了好参谋,总参党委对你们的工作是满意的。"两位副总长讲完话就离开了,我们继续开会。两位副总长对我们工作的肯定，而且是突然而来，让大家都感到很高兴。

春节过后，迟浩田总长找我谈话。他说："改革开放以来，东南沿海的情况发生了很大变化，与台湾的来往多了，台湾渔船常到我沿海港口靠岸，这方面反映的问题不少，你带个工作组，到东南沿海走一趟，做个调查研究。"我接到任务后，带余楚中处长和赵勇参谋，出发去福建、浙江沿海地区了解情况。先到福建厦门，听取警备区领导汇报情况。尔后到厦门前沿观看了几个民兵哨所，到了前沿的浯屿岛。台海局势紧张时，这里是斗争的前沿，时刻准备打仗。现在情况变了，紧张局势缓和了，台湾进厦门港的渔船多了，浯屿岛上的群众可以和平地在海上捕鱼作业，生活也得到了改善。

作者（右二）与洪顺利等英模合影

我们在厦门还与警备区领导一起看望了民兵战斗英雄洪顺利、洪秀枞等人。我们还专程看望了崇武半岛的海防民兵哨所。这是由惠安10位女民兵组成的哨所，担负着观察海面情况、坚持巡逻放哨、与驻军搞好军民联防等任务。我们又到福州听取了福建省军区的情况介绍。然后到宁德专区黄岐半岛了解民兵工作情况。黄岐半岛是对敌斗争的前线，民兵工作基础很好。

离开宁德地区后，我们来到浙江温州。浙江省军区派人在温州迎接我们。温州市是改革开放较早的城市，市委书记刘锡荣是新四军浙江地区领导人刘英的儿子。刘书记给我们介绍了温州市民兵工作以及与台湾渔民、商人来往的情况，并亲自陪我们到几个单位参观。我们乘船到洞头岛，看望了有名的洞头岛北沙乡女子民兵连。该连是1960年6月在原女子民兵排的基础上组建的。首任连长汪月霞

作者（前中）等看望洞头岛北沙乡女子民兵连

作者（左）看望汪月霞同志

是女民兵英雄模范人物，曾获得"神枪手"称号。该连一直保持优良传统，与驻岛部队军民联防搞得很好。我观看了紧急集合和军事表演。我还专程去看望了汪月霞同志，

她一直支持民兵工作。

我们离开温州，经临海、宁海到杭州，与浙江省军区领导研究了边海防民兵工作的情况。回到北京后，向迟总长汇报了对东南沿海民兵工作调查了解到的情况。

10. 率中国预备役考察团访问德意志联邦共和国

1985年9月，我率中国预备役考察团访问德意志联邦共和国。这是我任总参动员部部长后首次率团出访。代表团成员有总参动员部动员处处长谭允智、总政干部部预备役军官处处长阮玉武、军事科学院干部张仲文、总参外事局参谋符知微、中国驻德副武官余汉民（兼任翻译）。代表团一行于9月13日19时（德国时间），抵达德国法兰克福。德国来法州、黑森州预备役协会代表到机场迎接我们。

德国美因茨市副议长会见我方代表团（左二为作者）

我们乘车到美因茨市，来法州预备役协会为代表团举行欢迎晚宴。德国预备役协会秘书长，美因茨市副市长、副议长，州预备役分会会长以及法国第四军区的代表出席欢迎宴会。

9月14日上午，德国第四军区领导给代表团介绍联邦德国的国防防御政策和基本原则，以及武装力量的组成。15日上午，美因茨市长会见了代表团，介绍了该市的情况。下午观看德军工兵连渡河演习。同场参加演习的还有法国和美国的工兵部队。还观看了一个连队的卸任连长和新任连长的交接仪式。卸任连长和新任连长先后向连队官兵讲了话，还邀请士兵家属观看新老连长的交接仪式。观看演习之后，乘游艇游览莱茵河，一直到科布伦茨才返回，在游艇上用晚餐。

德国第四军区领导与我方代表团合影（一排左三为作者）

9月15日上午，乘车去什伯耶市。德军第十二工兵营营长热情接待我们，他说："我已接到命令调到国防部工作，在离任前，能接待来自中国的代表团，我非常高兴。"他介绍说，什伯耶市是德国的工兵城市。第一次世界大战时，该市就组建了工兵营。从此，该市就出工兵，工兵部队也长驻该市。下午，参观大教堂，这是一座非常宏伟的大教堂，我们都是第一次见，这是西方文化的一大特色。离开教堂后，我们乘车去参观德国著名的"葡萄酒之路"，品尝各种葡萄。

9月16日上午，第十二工兵营和第三三〇工兵营在工兵训练场为代表团做表演。中午，在工兵营的渡船上午餐。下午，什伯耶市市长会见代表团，双方举行了简单会谈。结束什伯耶市访问后，我们乘火车去慕尼黑市。途经斯图加特时，巴伐利亚预备役协会会长和巴伐利亚州国务部原部长施台尔在火车站迎接我们，与我们一起去慕尼黑市。慕尼黑市是巴伐利亚州的首府。晚上，我们就住宿在陆军医疗卫生学院将军楼。

9月17日上午，参观克劳斯·玛菲·韦格曼公司。该公司是德国著名的军工厂，生产坦克、战车、自行榴弹炮等武器装备，以生产豹式坦克而闻名世界。我们听取了该公司的情况介绍，参观了豹二坦克生产线。下午，游览慕尼黑市容。晚上，巴伐利亚国务部部长诺耶鲍尔为代表团举行欢迎晚宴。

德国巴伐利亚国务部部长设宴欢迎我方代表团（站立者为作者）

9月18日，我们从慕尼黑市乘车去英格尔施达特市。著名的奥迪汽车公司就在这里。奥迪汽车公司的领导给我方代表团介绍了工厂情况，引领我们参观了生产车间。下午，返回慕尼黑市。晚上，慕尼黑市市长宴请代表团，并安排观看巴伐利亚民间歌舞演出。

9月19日上午，我们乘车去顺高市，参观德国国防军空降空运学校，观看该校学员空降训练。下午，我们乘直升机去哈默尔堡德国第一作战部队学校。校长举行升中国国旗仪式欢迎我方代表团。

9月20日上午，第一作战部队学校校长为代表团介绍学校情况后，带我们参观学校的训练设施，观看一个学员班的训练表演。然后,我们乘车去洪格尔山,观看该校组织的米兰反坦克导弹射击、120毫米迫击炮射击。校长还请我同乘装甲车,观看一个步兵加强排在丛林中的防御作战演练、设置障碍和排除障碍演练。下午,校长和我一同乘坐装甲车观看一个步兵加强连的进攻演习、坦克和直升机进行地空协调演练。演习结束后,我讲话表示感谢。下午3时,结束在第一作战部队学校的活动。校长带领演习部队的官兵列队欢送我们。我与校长握手告别,再次对他们热情的接待和精彩的军事表演表示赞扬和感谢。然后,我们乘车前往卡塞尔市,晚上下榻吕苇希兵营。

代表团在德国第一作战部队学校(左一为作者)

9月21日上午,德国边防部队介绍西德和东德的边界情况之后,代表团乘直升机在空中观看了西德和东德的边界线。德国朋友一再表示，德国分裂为两个国家，给人民带来诸多痛苦和不便。我也表示，一个国家一个民族的分裂总是不好的。我国台湾问题尚未解决，我们也希望国家能够早日实现统一。下午，参观卡查尔市预备役训练基地，观看预备役军人的训练。

9月22日，卡塞尔军分区司令陪同代表团游览卡塞尔市容，乘车参观卡尔斯港，晚上在森林保护区的一个小镇用餐。

9月23日，参观大众汽车厂。厂领导热情接待我们，并陪同参观。该厂是自动化生产，从原材料进厂到整装汽车出厂，一条龙生产线，许多车间是自动化密封式生产，由机械手操纵，令我们大开眼界。当天下午离开大众汽车厂，乘车抵达波恩，德国预备役军人协会在哥德斯堡为代表团举行晚宴。

9月24日上午，德国国防部指挥参谋部一局局长冯·谢文准将，在国防部新闻亭为代表团介绍德国预备役情况。中午，德国预备役军人协会会长宴请代表团，并陪同参观哥德斯堡。晚上，我驻德武官为代表团举行了晚宴。

9月25日上午，代表团去我驻德大使馆，向郭丰民大使介绍访问情况。下午，我们乘车去法兰克福。法兰克福市市长接见了我们。然后乘车前往机场，德国预备役协会和几个州的预备役协会代表，以及我驻德使馆工作人员，到机场送行。当晚，我们乘中国民航飞机返回北京。

德国国防部指挥参谋部一局局长冯·谢文准将（右一）
为我方代表团介绍预备役情况（中为作者）

我方代表团在德国预备役协会门前留影（右四为作者）

我们在德国考察访问一共13天。德国军方的热情接待使我们感动，我们每到一个城市，市长或议长都会见了代表团。德国的兵役制度历史悠久，青年按《兵役法》规定服役，要求严格；未被征集服现役的，要服预备役；如因宗教信仰不愿服兵役的，要经过批准才可免服兵役，但仍要服劳役，比如，当劳工修路，打扫卫生，照顾残疾等。服预备役人员要按规定时间进行训练，不参加训练人员要受到惩罚。预备役训练在训练基地组织进行，要求严格，连体重都要求达标。预备人员的登记统计形成制度，很规范，很严格。他们的许多做法，值得我们参考学习。

11. 随向守志司令员出国访问

1988年10月，我随南京军区司令员向守志上将率军事代表团访问突尼斯、埃及、约旦等国。代表团成员有马秉臣中将（成都军区副司令员）、我（总参动员部部长）、何元章大校（总参外事局科长）、姚秀英上校（总参外事局参谋）、赵挺中校（向司令员秘书）。代表团乘中国民航飞机取道巴黎前往突尼斯。在巴黎中转停留期间，游览了巴黎市容，参观了埃菲尔铁塔。

（1）访问突尼斯。10月29日中午，从巴黎乘飞机去突尼斯。突方陆军副参谋长到机场迎接。晚上，我驻突尼斯大使馆设宴欢迎代表团。

10月30日是周日，没有安排访问事项。我国驻突尼斯朱大使陪同代表团游览吉姆市。

10月31日上午,突尼斯国防部秘书长、总参谋长、空军参谋长、海军参谋长、陆军参谋长分别会见代表团,并进行了会谈。下午,代表团参观了突尼斯国家军事博物馆。晚上,代表团与我国驻突尼斯大使馆人员会面,向司令员介绍了国内情况。

11月1日上午,代表团到比塞大市。比塞大市市长接见代表团,并举行简短会谈。代表团向烈士墓敬献花圈,并参观了突尼斯士官学校。下午,突尼斯空军参谋长陪同,参观了空军指挥学校。晚上,突尼斯总长为代表团举行欢迎宴会。

代表团与突尼斯军方会谈

代表团参观突尼斯军队

代表团参观斗兽场（右二为作者）

11月2日上午，代表团参观麦崩水渠扬水站。这个水渠全长120千米，有两个扬水站，可灌溉面积约1.9万公顷。这是中国援建的一项水利工程。参观过程中，一名工作人员用非常标准的中国普通话给代表团介绍情况，我们都感到很惊异。原来他曾经在中国留学，是清华大学的留学生。

11月3日上午，代表团游览了著名的迦太基遗址、巴尔多博物馆。下午，代表团一行乘飞机离开突尼斯，前往埃及访问。

代表团参观迦太基遗址（左一为作者）

作者在亚历山大港留影

（2）访问埃及。11月4日，埃及国防部部长接见代表团，介绍埃及军队的情况，并安排代表团访问亚历山大港。亚历山大港是埃及第二大城市。

作者（左一）与向守志司令员在飞机上

驻军给代表团介绍了军港的有关情况后，带我们参观了要塞的军事设施。在埃及首都开罗，我们游览了著名的金字塔，又乘船游览了尼罗河。

作者（左一）与向守志司令员在金字塔前留影　　作者在金字塔前留影

（3）访问约旦。11月6日，代表团抵达约旦首都安曼。上午，约旦军总司令谢里夫·扎伊德·沙克尔元帅接见代表团，并与代表团举行友好会谈。约旦军方三位副总长一同会见代表团。约军组织计划局局长、空军代表介绍了约旦军队情况。中午，总长法特希·阿布·塔利布上将在司令部设宴招待代表团。晚上，行政副总长萨利姆·穆罕德·图克尔少将宴请代表团。

11月7日上午，在约旦第十二机械化师师长穆萨·阿德旺少将的陪同下，乘直升机参观了侯赛因装备大修厂和乌姆盖斯地区，俯瞰了风景优美的亚穆克峡谷和戈兰高地。还参观了杰拉什古城，这座古城是约旦境内保存得最完好的古罗马城市之一。晚上，约旦军队作战副总长加里布·阿布杜勒·纳比少将在塔楼饭店设晚宴接待代表团。

11月8日上午，乘直升机参观第五师第九十二装甲旅，参观王家空军基地，并出席欢迎午宴。晚上，我驻约旦大使馆设晚宴，接待代表团。

11月9日上午，在约南部军区司令贾米勒·沙米勒少将的陪同下，乘直升机参观穆塔大学和佩特斯古城。佩特斯古城被群山环绕，建筑大部分是希腊时期

作者在亚喀巴湾游艇上

所建，具有东方传统和希腊风格。下午，抵达亚喀巴。

11月10日上午，参观南部军区司令部。我们乘坐海岸部队的游艇畅游亚喀巴湾，还在亚喀巴湾海滩游泳。午餐后，乘坐直升机返回首都安曼。晚上，总监马哈茂德·哈马斯少将宴请代表团。

11月11日上午，参观第十机械化师，并到该师前沿阵地（靠戈兰高地）观察。参观卡拉马烈士碑和死海。我们到了死海游泳场，并已换了泳装，准备体验一下在死海游泳的感受，可惜天气突变、刮风下雨，只好作罢。晚上，向司令员会见使馆人员，使馆设晚宴招待代表团。

11月12日上午，参观侯赛因医学城，这是个规模很大的医疗单位。下午乘飞机去科威特，是路过此地，不是正式访问。

11月13日乘飞机回国。

约旦军方向我方代表团介绍情况

这次出访,途经巴黎,访问了突尼斯、埃及、约旦。通过访问,我们了解了这几个国家的情况,听取了他们介绍建军的经验,增加了不少知识。工作之余,我们还游览了名胜古迹,大开了眼界,很有收获。

第十一章 在兰州军区任副司令员

1990年5月，迟浩田总长让我去京西宾馆见他。他说，"军委已批准你任兰州军区副司令员，你要尽快到兰州军区报到"，并嘱咐我好好工作。

我那时已59岁，准备休息了，对这突然而来的消息毫无思想准备。我在动员部工作了35年，从参谋一直到部长。从20多岁至60岁是人的生命中最美好的时光，我最美好的时光是在动员部度过的。我热爱动员部的工作，我为几十年来一直从事的国防动员工作感到自豪。我实现了刚调动员部工作时向领导许下的诺言：尽心尽力工作，不辜负组织的期望。

现在组织安排我去兰州军区工作，尽管我年纪不小了，也要做到不辜负组织的期望，尽心尽职，为部队建设做点实事。

兰州军区部队具有光荣历史和优良传统。军区部队中有战功卓著的红军师、红军团，有参加平江起义的部队，有抗日战争中新四军的主力部队，有以南泥湾大生产和黑山阻击战闻名的部队，有彭德怀率领的第一野战军的部队，还有随王震进军新疆到挺进藏北的部队。这些部队在土地革命战争、全民族抗日战争、全国解放战争、剿匪平叛、抗美援朝、对印边境自卫反击战、对越边境自卫反击战中，都做出了贡献，涌现出许多英雄模范人物。有的部队还参加过开国大典的天安门阅兵,接受毛主席、党和国家领导的检阅。新中国成立后,军区部队长期驻守在条件艰苦的边疆地区,为保卫边疆、建设边疆做出贡献。部队在长期戍边过程中形成了"喀喇昆仑精神""老高原精神""贺兰山精神",这是军区部队光荣传统和优良作风的集中体现,是宝贵的精神财富。我能够到这样的部队工作,是一次再锻炼、再学习。

6月初,兰州军区后勤部部长王明清来京接我赴任,我按照组织安排,离开北京,到兰州军区报到。当时,军区新的领导班子刚组成,即司令员傅全有,政委曹芃生,副司令员邢世忠(在医院养病),副政委宫永丰、王茂润,参谋长迟云秀,政治部主任孔昭文,后勤部部长王明清。军区领导班子中有6个人是1930年出生,属马,被称为"六马班子"。

军区党委研究决定,我分管军务、装备、动员和管理,后来又增管后勤。我还担任军区交通战备领导小组组长、军区人民防空委员会主任、军区绿化委员会主任、军区爱国卫生委员会主任等职务。

我在兰州军区期间的主要工作如下:

1. 1990年的主要工作

我是6月初到职的,6月下旬即回北京,参加全军共同条令和装备管理条例集训会,时间两个月。这次集训会,各大军区、各军兵种领导和全军军以上单位的军务、装备部门领导参加,主要学习《内务条令》《队列条令》《纪律条令》和《装备管理条例》,研究贯彻落实措施,总结交流经验。在北京,参观空军部队和坦克六师,了解坦克六师按条令条例管理部队的情况,观看坦克实弹射击的演习。在天津,参观驻杨村部队并观看演习。在青岛参观海军驱逐舰、核潜艇,了解按条令条例管理等情况。

9月,我带工作组到宁夏,了解驻银川地区部队的情况,参加军区在银川市召开的落实《七五全军除害灭病规划》检查验收现场会。同月,在兰州主持召开军区的补兵退伍工作会议,参加兰州市人防工程竣工典礼。

10月,到西安陪同徐惠滋副总长视察驻陕部队,参加总参在西安召开的全军测绘工作会议,参加陕西省召开的征兵工作会议,以及主持军区在西安召开的交通战备工作会议。

11月,到北京参加总参召开的全军军事工作会议。

12月,在北京参加全军后勤工作会议。

2. 1991年的主要工作

1月,我在兰州主持召开军区后勤工作会议,传达全军后勤工作会议精神,布置军区1991年工作;还召开军区军运专业工作会议。

3月,我带工作组到青海省,了解驻海东、海北、海南地区部队的情况,了解汽车九团和军区驻青海后勤分队、医院、仓库的情况;又到玉树地区了解民兵工作;还参加了青海省军区召开的学雷锋学蒙泰那依表彰大会。

4—5月,在国防大学国防研究系学习。这次学习的时间虽短,但我增长了不少知识,认识了不少同学。

7月,我在西安主持召开军区民兵预备役工作会议,徐惠滋副总长和总参动员部副部长周成科到会指导。7月下旬,到北京参加全国外事工作会议和全军外事工作会议。

8月,在兰州主要抓后勤部的工作,参加了军区召开的军办企业集中管理工作会议、军区后勤独立营以上主官集训会议、军区房地产清查整顿工作会议。

9月,我到西安陪同韩怀智副总长视察驻西安部队、院校和陕西省军区。同月,在兰州主持召开军区征兵补兵退伍工作会议。

10—11月,军区安排我和王克副司令员带工作组考核全区主要部队,王克副司令员负责考核兰州以东的天水、宝鸡、西安等地的部队,我带工作组考核驻新疆地区和驻河西走廊的部队。

我与军务部部长杨章臣、军训部副部长张绪胜先考核了驻新疆的部队,然后考核驻河西走廊的部队,还到山丹军马场了解情况。12月，参加军区第七届医学科学技术委员会全体会议，又到湖北孝感参加全军军事训练、管理工作座谈会，还在兰州参加军区交通战备保障表彰大会。

3. 1992年的主要工作

1—2月，我在兰州参加军区后勤工作会议，主持召开军区绿化工作表彰大会，主持召开军区房地产清查整顿表彰会，主持召开军区车辆清理电话会议，参加军区决算审计电话会议。

3—4月，到甘肃、甘南军分区检查工作。在临夏参加军区车辆安全管理集训会，军区傅司令员、曹政委、迟参谋长参加这次会议，会议还研究了战时的运输管理问题。

5月，在兰州主持召开军区志愿兵先进单位、先进个人暨红旗车驾驶员代表会议。

6月底，参加甘肃省军区在兰州举办的纪念毛主席关于民兵工作"三落实"指示30周年纪念活动和民兵阅兵仪式。

7月，在军区炮一旅主持召开后勤规范化管理现场会。总后副部长李伦带工作组参加会议。这次会议的规模很大，内容丰富，对推动后勤规范化管理起了很好的作用。

8月，我到陕西榆林、延安和甘肃平凉检查工作。

10月，带工作组到南疆军区、和田军分区检查工作。

11月，到甘肃了解驻河西走廊的部队和张掖、武威、酒泉军分区的情况。

4. 1993年的主要工作

3月，在兰州参加军区卫生工作会议和爱国卫生委员会全体会议。

4月，我带工作组到新疆了解生产建设兵团农四师、农五师、农六师、农八师的民兵工作情况，到克拉玛依了解组建预备役部队情况。克拉玛依原是一片荒漠，有一块地不断地冒黑泡（即原油），当地牧民用冒出的液体点火做饭，因此发现了油田。现在那块常冒黑泡的地方已成为克拉玛依油田的一个景点。到克拉玛依的人，都到那里参观。尔后，我到阿勒泰军分区了解情况。

6月，陪同江泽民主席到汉中、咸阳、西安等地视察部队，并参加江泽民主席在西安主持召开的西北五省区书记、省长会议。

7月，在陕西榆林市主持召开发动民兵参加经济建设现场经验交流会。这是一次规模较大的会议，会议重点是表彰和推广榆林地区民兵植树造林、治理沙漠的经验。军区刘司令员、曹政委、王副政委、钱参谋长和中共陕西省委书记张勃兴出席会议。总动员部部长谭冬生带工作组参加会议。同月，我代表军区参加在辽宁丹东市举行的抗美援朝纪念馆落成典礼，沈阳军区王克司令员在机场迎接我。时任中央政治局常委胡锦涛也出席了典礼。

10月，到江苏徐州参加全军卫生营院建设会议，又到北京参加全军工资改革会议。

12月，在兰州主持召开军区卫生营院建设会议，传达上级指示精神，部署全区卫生营院建设工作。

5. 1994年的主要工作

3月，军区组织民兵学雷锋典型事迹巡回报告会，曹政委、王副政委和我分别与报告团成员座谈，对他们做出的成绩表示肯定和表扬。会后，报告团到西安、兰州、乌鲁木齐做了巡回报告。

4月，我到山丹军马场了解情况。山丹军马场于公元前121年由西汉骠骑将军霍去病创建，距今2140多年。山丹军马场自1949年9月被部队接管以后，一直归军队管理，是我国乃至亚洲最大的军马繁育基地。

6月1日，参加军区医学高等专科学校命名、授旗大会和阅兵活动。我在大会上宣布命令并授旗。后勤部部长陈秀、副部长张广哲，卫生部部长王彦学到会祝贺。同月，军区在乌鲁木齐召开民兵、预备役工作座谈会，参观民兵工作先进单位和预备役部队。刘司令员、曹政委、钱参谋长参加了会议，总参动员部副部长范晓光出席了会议。

7月28—30日，中共甘肃省委、省政府、省军区召开民兵、预备役基层建设工作会议。省委书记阎海旺，省军区司令员梁培禛、副司令员兰仲杰出席了会议，我在会上讲了话。

11月，我带工作组到天水军分区、天水预备役师、陇南军分区检查工作。这也是我在兰州军区最后一次带工作组到基层检查工作。

6. 积极参与绿化大西北的伟大工程

我在兰州军区工作期间，担任军区绿化委员会主任，积极参与绿化大西北的伟大工程。我要求部队植树造林，搞好绿化。每年3月12日植树节时，我都积极参加甘肃省组织的植树活动。但这时候兰州天气还比较冷，不是种树的好时机，那时兰州市的植树活动只是一种形式，真正植树造林还要推迟近一个月。我要求部队绿化大西北一定要结合实际，根据西北的气候特点，因地制宜地开展植树种草活动；积极引进国外的先进灌溉技术和治沙经验，坚持长期投入，长期坚持。我想，祖国1/3国土真正绿化了，沙尘暴、干旱等不良气候就会逐步得到控制，祖国的面貌将会大大改观。

大西北有辽阔的国土面积，如果把大西北绿化搞好了，不但对人民生活有很大帮助，对国家发展也很有好处。绿化大西北是一件很有意义的事情，也是一项长期的、艰巨的任务。

20世纪80年代初，邓小平同志接见军区司令员郑维山时指示："下决心拿出二十年时间，协助地方搞好西北高原的绿化工作，改变西北自然面貌，为子孙后代造福。"多年以来，兰州军区部队始终坚决贯彻这一指示精神。经过一代代官兵的不懈努力，绿化取得了很大成绩。凡是有部队的地方，绿化就搞得不错。如果在戈壁滩看到一片绿洲，那一定是部队的营区。部队营区的绿化、美化，创造了良好环境。经过连年的植树造林，榆林地区、沙坡头地区、三北防护林区等绿化造林很有成效。但是，大西北受历史自然环境影响，绿化工作仍然是一项长期的、艰巨的工程。

前些年，为绿化西北，曾实行飞机空播草籽，有一定成果。可有的地方一年之后，所播草籽没有发芽长草，没有腐烂。1957年，我在总参工作时到过兰州。那时候，兰州市的南山只有寥寥几棵树，北山光秃秃的，几乎没有树。现在，兰州市南北两山变样了，有些地方已绿树成林。这些树是抽黄河水灌溉养起来的。兰州市给所有驻兰州党、政、军机关和企事业单位划分了绿化责任区，植树造林搞绿化，所付出的成本不可谓不大啊！兰州市区尚且如此，其他一些高原高寒的边防地区，种树种草就更困难了。绿化大西北，任重道远啊！

7. 随国防部部长秦基伟率领的军事代表团访问俄罗斯、蒙古

1992年6月,国防部部长秦基伟率领军队代表团访问俄罗斯和蒙古。代表团成员有副总长徐惠滋、何其宗,军委办公厅主任李际军,空军参谋长于泽民,沈阳军区司令员刘精松和我。

秦基伟团长和代表团员在一起(右一为作者)

(1)访问莫斯科。代表团抵莫斯科机场时受到俄方热烈欢迎,举行了有军乐团仪仗队的欢迎仪式。俄方国防部举行宴会欢迎代表团,与代表团进行了两次长时间会谈。代表团游览红场,瞻仰了列宁墓;到无名烈士墓敬献花圈;参观了莫斯科郊外的航天城。那时,我国计划购入俄方的苏-27战机,俄方特地安排了苏-27战机表演。

代表团在莫斯科航天城（左三为作者）

作者（右）与徐惠滋（左）在莫斯科红场

作者在红场列宁墓前留影

作者在苏-27式飞机前留影

（2）访问圣波得堡。参观了"阿芙洛尔"巡洋舰和海军军事学院。圣波得堡的建筑很有特色，景色很美。这个

作者（左）与徐惠滋副总长（右）在圣波得堡

作者（前一）等在"阿芙洛尔"巡洋舰上

美丽的城市有着感人的历史,"二战"时是德军进攻的重要目标。列宁格勒人民不分男女老少,拿起武器保卫自己的家园。德军集中大量兵力

作者(左)与伏尔加军区司令(右)留影

围困列宁格勒,妄图用不停地空袭、炮击以及饥饿置列宁格勒居民于死地。列宁格勒军民在封锁中度过了严冬,忍受着艰难困苦,接受了最严峻的考验。在被困的900个日日夜夜中,战死、病死和饥饿致死80多万人。列宁格勒人民经受住了考验,在保卫战中成为苏联人民不屈不挠战胜敌人的榜样。当代表团来到"二战"时被围困的纪念地瞻仰时,大家都被这段历史感动。访问列宁格勒之后,我们到达斯大林格勒(已改名伏尔加格勒),斯大林格勒是苏联击败法西斯德国的重要转折地。我们去访问时,除特意留下的战争纪念遗址外,已看不到战争的痕迹了,徐惠滋副总长带领我们参观了斯大林格勒

作者(右)与秦基伟团长(左)在斯大林格勒

保卫战纪念馆。

（3）访问索契。索契是俄罗斯最美的避暑胜地。俄罗斯领导人在索契接见秦基伟部长和部分团员。我们与索契军分区司令员座谈，他是学过中文的，与我们交谈不用翻译，他对苏联的解体感到非常痛惜。

（4）访问蒙古。原计划访问俄罗斯后访问蒙古，因故推迟。代表团先回内蒙古呼和浩特市休息。几天之后访问蒙古。蒙古领导在特造的大型蒙古包中接见代表团。蒙古国防部部长与代表团进行会谈，并在国防部招待所宴请我们。招待所在一片森林中，随时可看到野鹿、野獭、野兔等野生动物活动。代表团参观了蒙古西部地区有名的铜矿，这个铜矿是由俄罗斯人经营的。

8. 徐向前、李先念两位开国元勋的骨灰撒在河西走廊

（1）徐帅逝世前立遗言，把他的骨灰分别撒在大别山、大巴山、太行山和河西走廊。这些都是他战斗过的地方。河西走廊就是西路军浴血奋战的地方。

徐向前元帅一直对西路军的失败悔恨不已。他在回忆录《历史的回顾》里写道："西路军的两万多人，遭到几乎全军覆灭的命运，在我军历史上，绝无仅有。我是西路军的主要指挥者，这支部队的两个主力军（九军、三十军），又是我和其他同志从鄂豫皖带着发展起来的。西路军的失败，长期使我愧悔交加，余痛在心。"

1990年1月，作者（左一）与谭冬生副部长（右一）看望徐向前元帅（中）

徐向前帅是军委人民武装委员会主任，军委人民武装委员会的办公室就设在总参动员部。因此，我与徐向前元帅接触的机会比较多。"文革"期间，我在徐向前元帅主管的接待退伍军人办公室工作；徐向前元帅任军委"文革"领导小组组长，我又在军委"文革"领导小组的联络站工作。徐向前元帅给我留下了深刻的印象。

徐向前元帅的骨灰撒在河西走廊时，兰州军区决定由我和刘玉斋副参谋长负责接待。徐向前元帅的子女一行乘飞机到达兰州，军区在西北宾馆设灵堂，组织机关干部前往吊唁。我在徐向前元帅像前默哀时，心里极其难过，悲伤地流下了眼泪。徐向前元帅晚年还常关心民兵工作，常让秘书找我们过去汇报情况。1990年1月25日，徐向前元帅病情较重，在不接见客人的情况下，接见了我与谭冬生副部长。我给徐向前元帅汇报了民兵预备役工作的情况，他老人家听得很认真，并对民兵工作做了重要指示。他强调要坚持人民战争思想，坚持民兵制度，建设强大的后备力量。他的音容笑貌和谆谆教导令我永生难忘！

区领导迎接徐向前元帅骨灰

飞机撒放徐向前元帅骨灰时，军区刘玉斋副参谋长到现场组织指挥，骨灰撒在古浪、武威、临泽、倪家营等地。徐向前元帅子女乘坐飞机，从兰州到河西走廊上空撒放骨灰。整个过程组织得很好，很顺利。

（2）1992年6月，李先念主席逝世。他留下遗愿，将他部分骨灰撒在河西走廊地区。李先念主席是西路军三十军的领导。他积极为西路军的行动正名，做了大量工作，促使这一历史问题得到解决。

李先念主席的骨灰撒放工作由中共甘肃省委、省政府主办，兰州军区派我协助办理。军区司令部派人参加甘肃省成立的办公室，协助省委、省政府工作。中共甘肃省委、

作者等到机场迎接李先念主席骨灰

省政府在兰州举行了李先念主席的吊唁仪式，军区组织干部前往吊唁。省委书记顾金池、政协主席葛士英和我，陪同李先念夫人林佳楣乘飞机到张掖，在河西走廊及祁连山撒放了李先念主席的骨灰。我又陪同林佳楣及其子女乘车到临泽烈士陵园敬献花圈，到倪家营、梨园口凭吊烈士。林佳楣同志对省委、省政府和军区表示感谢。

作者（右一）陪同林佳楣同志到倪家营

作者（右一）陪同林佳楣同志到西路军指挥部遗址

9. 聂荣臻元帅的骨灰安葬在酒泉基地

聂荣臻元帅是开国元勋,是我国国防科技事业的主要奠基人。他亲自主持和领导了酒泉卫星发射中心的创建工作,始终关注着发射中心的建设和发展,多次亲临中心指挥尖端武器试验,为我国国防科技事业做出了不可磨灭的贡献。

参加安放聂荣臻元帅骨灰的甘肃省、内蒙古自治区、兰州军区的领导

聂荣臻元帅的临终遗言,是将自己的骨灰安放在东方烈士陵园,和战斗在国防战线上逝世的战友在一起。遵照聂荣臻元帅的遗嘱,国防科工委领导丁衡高、聂力(聂荣臻元帅女婿、女儿)将聂荣臻元帅骨灰安葬在东方烈士陵园。

1992年5月20日,聂荣臻元帅骨灰安放仪式在酒泉卫星发射中心隆重举行。中共甘肃省委书记顾金池、省长阎海旺、军区后勤部王副部长和我,一起乘军区专机前往参加。内蒙古自治区党委书记王群、主席布赫和内蒙古军区领导，也乘专机前来参加。

在聂荣臻元帅墓前与聂力、丁衡高留影（左三为作者）

东方烈士陵园安葬着近4000名国防科技战线的烈士。一排排、一行行的烈士墓地，震撼人心，令人动容。为了共和国的"两弹一星"，这些烈士不为名、不为利，艰苦奋斗，忘我工作，甚至献出宝贵的生命，长眠在战斗过的地方，人民永远不会忘记他们！

10. 在兰州军区工作期间很愉快

兰州军区守卫着祖国的大西北，包括陕西、甘肃、宁夏、青海、新疆以及西藏的阿里地区，面积300多万平方千米，占全国陆地面积的1/3。与蒙古、俄罗斯、哈萨克斯坦、吉尔吉斯斯坦、塔吉克斯坦、阿富汗、巴基斯坦、印度等国家接壤。边境线长达5800多千米，地域辽阔。我在兰州军区工作近5年，关心部队建设，也关注大西北的山山水水，我深深地体会到祖国大西北是个好地方。在一个自己喜欢的地方工作，心情很愉快；加上军区的领导班子很团结，工作起来是一种美好的享受。

第一，秀丽的自然风光使我陶醉。祖国大西北山河壮丽，地貌多姿。有高耸入云的"世界屋脊"，有一望无际的平原盆地，有绵延千里的沙漠戈壁，有广袤的大草原。昆仑山、阿尔泰山、天山、祁连山、贺兰山、华山、秦岭等逶迤连绵，雄伟壮丽。关中平原、宁夏平原、汉中盆地、河西走廊，物产丰富。三江源、青海湖、喀纳斯湖、赛里木湖、博斯腾湖和黄河壶口瀑布，景色秀丽。鸣沙山、月牙泉地理独特，景色优美。吐鲁番盆地的艾丁湖，在海平面以下154米，是我国陆地最低点。大西北多姿多彩的自然景色，让我心旷神怡。

第二，悠久的历史给我留下深刻印象。大西北历史悠久，文化灿烂。历史上西周、秦、西汉、隋、唐等朝代在西北建都，文物古迹众多，有距今6000多年的半坡遗址，号称"世界第八大奇迹"的秦始皇兵马俑，炎黄始祖黄帝陵，革命圣地延安，壁画艺术宝库敦煌莫高窟，万里长城最西端的嘉峪关，通达南亚、西亚与欧洲的"丝绸之路"，等等。这些让我感到了我们国家历史文化底蕴的深厚。

第三，军区领导班子和同事之间团结友好的氛围让我很愉快。

我在兰州军区工作期间，军区领导班子很团结，商量办事，相互支持，相处得很好。我分管的军务、装备、动员、管理和后勤部门，都能认真执行上级指示，较好地完成任务。我的三任秘书徐辉升、刘长青、王金国都是好同志，工作认真负责，是我的好助手，对我交办的事积极完成，对我考虑不周的事及时提醒，外出工作时关照我的生活。我们朝夕相处，关系很好，是同志，也自然地成了好朋友。我们现在都离休、退休了，仍保持着良好的关系。

第十二章 我的军旅生涯在大西北画上句号

1994年12月底,兰州军区召开党委扩大会议,军区师以上单位主要领导与会。会议由曹芃生政委主持。会议开始时,刘精松司令员宣读中央军委免职干部的命令,被免职的军区领导干部有我、唐广才副政委和孔昭文主任。命令宣读完毕后,曹政委请被免职的同志讲话。

我的告别讲话

我首先发言。我的告别讲话如下:

刚才,刘司令员宣读了中央军委的免职命令,其中被免职的就有我。军队干部有进有出,新陈代谢,是必然规律。我向组织表示,愉快服从组织的决定。对于这一命令的下达,我早有思想准备,军官条例有明确规定,干部规划也有明确要求。军委副主席刘华清1993年来兰州时,已和我打了招呼,我已明确表态,服从组织决定,一定站好最后一班岗。

我到兰州军区工作已四年半了,说长很长,说短又短。外国有的总统一任才4年,我已经干了近5年,能说不长吗?而与长期在西北工作的同志比起来,确实很短。就拿唐副政委来说吧,他在西北工作42年了，我只是他的1/10，又确实是很短啊！

回首往事，有许多联想，许多感慨。我从一个不懂事的农村孩子，在党的培育下，成为一名共产党员，参加解放军，从基层连队当干部，到总参谋部工作，到大军区任职。我走的路是正确的，没有虚度年华，一生无悔。特别是在祖国大西北结束军旅生涯，我感到非常高兴，非常自豪。

在这4年多时间里，我到过军区绝大多数团级单位，走遍了西北五省区许多县市，历览祖国大西北的山山水水，黄土高原、戈壁大漠、滔滔黄河、皑皑雪山、辽阔草原。纯朴的人民，众多的少数民族，丰富多彩的民俗民风，都给我留下深刻印象。

我爱祖国大西北，更爱守卫大西北的部队。我们的部队长期驻守在高原边疆，气候恶劣，条件艰苦，但我们不怕苦，不怕累，一心为国。

我今年64岁，已经工作近50年了。近半个世纪以来，我在广东南方工作十年，在北京总参动员部工作35年，在西北工作四年半，最后，在兰州军区退下来，为我的军旅生涯画上一个完整的句号。

从今天起，我的离休生活即将开始，离休生活如何度过，我还没有很好的计划。但可以告诉组织和同志们：我将以共产党员和革命军人的标准要求自己，安排好今后的生活。我现在身体状况很好：大部件完整，小零件齐全，油路电路畅通，发动机很好，吃得饱，睡得好，能走还能跑。这是过好今后生活的基础。如果组织需要，我还可以做些力所能及的工作。

我非常感谢军区党委给予我这样好的机会，与大家见面，与同志们告别。在这里，我向同志们表示感谢和敬意。希望同志们在军区党委领导下，认真贯彻军委的指示，把部队建设搞好，不辜负党中央、中央军委的期望。

运动员结束比赛生涯搞告别赛，演员离开舞台搞告别演出，战士退伍举行向军旗告别仪式，今天，我向同志们告别，向大家敬个军礼！

我的告别讲话赢得一片掌声。特别是我对身体状况的形容，"大部件完整，小零件齐全，油路电路畅通，发动机很好"，被与会同志广为传播。还有干部同志告诉我，听了我的告别讲话，很受感动。其实，我只是讲了自己的心里话，而且是很短暂、很实在的一段话。

回顾戎马生涯 50 载

回顾自己这一生，往事历历在目。我出生在抗日革命的老村庄，生长在革命家庭，从小受革命影响，跟着哥嫂参加抗日活动。后来受抗日救亡运动的影响，走上革命道路。在上中学时期就参加了地下游击小组，加入中国共产党，尔后加入人民解放军，参加解放战争，解放了家乡湛江。

家乡解放后，我到广东军政大学学习，在高雷军分区和粤西军区任参谋，在县兵役局任科长，后来到总参动员部工作，最后到祖国大西北工作。这一幕幕往事，就像发生在昨天。

回顾军旅生涯这 50 年，我心潮澎湃，感慨万千。我觉得，我走的路是正确的。我这一生，始终相信党，跟着党走，在党的领导下，参加武装斗争，参加军队建设，参加国防后备力量建设，是党把我从一个小青年培养成共和国的将军。我感激党对我的培养。正是在党的培养下，我的青春年华没有虚度。我能有今天，一生无怨无悔。

按照中央军委命令，开始过离休生活

1998年，在中央军委政干令字第328号命令中，有一批老同志离职休养，被授予功勋荣誉章，其中有我。我能与一批革命老前辈在同一命令中离休，感到很荣幸。从此，我正式开始离休生活。我要把离休后的生活安排好，欢度幸福晚年。

卷末语

我的回忆录《回眸往事（二）》终于脱稿了。第一稿形成后，周成科、邰仕云、徐洪洗、宋有荣等同志提了很好的意见，徐洪洗、宋有荣、马成在文字上做了修改。第二稿形成后，周善学又做了文字上的修改，陈劲、丁京梅、迟行国等同志在搜集资料、打印、校对等方面做了大量工作。在此，表示深深的感谢。

陈　超
2019年5月于北京